小学科学探究与思维培养

王　云　著

苏 州 大 学 出 版 社

图书在版编目(CIP)数据

小学科学探究与思维培养 / 王云著. —苏州：苏州大学出版社，2017.12
ISBN 978-7-5672-2359-2

Ⅰ. ①小… Ⅱ. ①王… Ⅲ. ①科学知识—教学研究—小学 Ⅳ. ①G623.62

中国版本图书馆 CIP 数据核字(2017)第 326714 号

小学科学探究与思维培养
王 云 著
责任编辑 李 娟

苏州大学出版社出版发行
(地址：苏州市十梓街 1 号 邮编：215006)
宜兴市盛世文化印刷有限公司印装
(地址：宜兴市万石镇南漕河滨路 58 号 邮编：214217)

开本 700 mm×1 000 mm 1/16 印张 12.5 字数 238 千
2017 年 12 月第 1 版 2017 年 12 月第 1 次印刷
ISBN 978-7-5672-2359-2 定价：30.00 元

苏州大学出版社营销部 电话：0512-65225020
苏州大学出版社网址 http://www.sudapress.com

前言　我与科学教育

我是小学科学教师,一名从事乡村科学教育工作 24 年的老教师。

记得 1993 年 8 月我师范刚毕业的时候,学校安排我任教二年级的语文和自然(科学)。在我的心目中,语文是主课,自然嘛,随便教教就可以了。因为大家都认为那是一门小学科,领导不重视,也没人愿意教这门学科,被安排教授这门学科的,都是学校的一些"老弱病残"的教师,所以我也从没有担任自然专职教师的心理准备。在我工作后的第二年,有一天负责业务的副校长找到我,让我准备一节自然课,说是市里的教研员下周要来调研听课,只有我是最合适的人选。推托不过,又为上什么内容犯了难,于是我就去请教我们学校唯一的一名专职自然教师。那时候正值秋天,他建议我在二年级上关于树叶的内容。于是那节课,我就指导学生观察树叶,并做叶贴画。现在回想一下,那节课我上得真不怎么样,课堂组织不到位,学生虽然积极性很高但秩序太乱。教研员徐康毅老师却给了我很高的评价,并鼓励我认真上课,有机会出去参加比赛。

工作第三年,学校专职的自然教师退休了,领导安排我担任专职自然教师。刚开始我有抵触情绪,总觉得自然是小科、是副科,领导这样安排,就是不认可我。可是当我真正投入这门学科的教学时,我就慢慢喜欢上了。由于不是科学教育出身,很多科学知识我也搞不清楚,只能拼命去学习。我把学校以及乡镇图书室能借到的自然科学类的书几乎借了个遍,还到县城图书馆办了一张借书卡,慢慢地,上课才有了底气。我最爱一、二年级的孩子喊我"大自然王老师",在他们心目中,大自然王老师"上知天文,下知地理",没有什么能够难倒她。甚至一位学生家里承包鱼塘,鱼生了病,学生的爸爸也让孩子带口信给我,让我分析分析鱼得了什么病。为了不让他们失望,我四处查阅图书资料(当时乡镇学校还没有网络)。由于村级小学没有专职的自然教师,我每周都有两天时间到两所村小进行自然课的走教。虽然每次骑着自行车在泥路上艰难地行走时,或者遇到雨雪天只好把自行车扛在肩上时,我也有过多次的抱怨,但是我一直坚持了 6 年,直到我调离了原来的那所乡镇学校。每当看到孩子们在校门口翘首企盼我的到来时,看到孩子们从家里给我带来热乎乎的烤红薯时，我的心都是暖暖的。被人需要，也是一种幸福。我也理解了老校长那句语重心长的教诲：“是金子，在哪儿都会发光，有为才有位。”渐渐地，我爱上了这门学科。

2001 年，国家开始了轰轰烈烈的课程改革，“自然课”也更名为“科学课”。课程改革的重点是学习方式和教学方式的转变，强调让学生形成积极主动的学习态度，使获得知识与技能的过程成为学会学习和形成正确价值观的过程，这与《义务教育小学科学课程标准》（以下简称《小学科学课程标准》）提出的“倡导以探究式学习为主的多样化学习方式，促进学生主动探究”等理念不谋而合。因此，近 20 年的科学教学历程，科学探究贯穿了始终。我指导学生进行科学探究，并努力发展学生的创新思维、批判性思维和想象力，努力提高学生的科学素养。在这一过程中，我曾因带领孩子们开展一个有趣的主题研究活动而欢呼雀跃，也曾因外出参加优课比赛得了个二等奖而闷闷不乐，但不管是成功还是失败，每一次的历练，都让我和孩子们一起成长。

走过春夏走过秋冬，24 年的时间，仿佛弹指一挥间，但是往事一幕幕，仍是那么清晰可见。这期间，我从乡镇小学调到一所城郊小学，担任过市、区级的科学兼职教研员、学校的副校长，被评为宿迁市的学科带头人、名教师、拔尖人才，指导的徒弟也多次在各级教学舞台上崭露头角，但是，我最喜欢的头衔仍是科学老师。任教科学课，上好科学课，是我最大的愿望！和孩子们一起探究，一起分享，是我最大的快乐！

未来的路，仍旧是我的科学路！虽然可能会荆棘丛生，但我信心百倍、无怨无悔！我是一名科学老师，我骄傲！

本书的出版得到了凌朝阳校长的鼎力支持，得到了唐庆余、张永刚、张华、时娜、邱媛媛、王奎等同事的热心帮助，在此，谨向他们致以深深的感谢！

王　云

目 录
CONTENTS

第一篇 科学探究与思维培养——实践与思考

第三篇 教育随笔——科学教育感悟

第四篇 在快乐中探究——科学教育活动印迹

第一篇

科学探究与思维培养

——实践与思考

第一章　科学探究与思维发展

1. 把科学探究落到实处

科学探究学习是培养学生科学探究能力、科学思维能力、科学精神的有效学习方式。但是,新课改进行了十多年,倡导以合作探究为主要学习方式的科学课,还没有很好地落实科学探究学习。很多时候,我们误解了科学探究,把简单的动手实验、单纯的科学观察冠以“科学探究”,使科学探究的内涵大打折扣。

请看两位科学教师执教“空气占据空间吗?”(教科版小学《科学》三年级上册)的教学片段:

教师甲:

按照课本上的内容编排进行教学,在通过多媒体呈现“乌鸦喝水”的场景后问学生:为什么乌鸦可以喝到水?学生解释说是因为小石子使水面升高了,教师随即板书“占据空间”,然后问:空气可以占据空间吗?有的学生说可以,有的学生说不可以,教师没有正面评判,紧接着进行了以下环节的教学:

师:(出示一个盛有半瓶水的塑料瓶、两根吸管、一块橡皮泥)同学们,聪明的乌鸦想办法使自己喝到了水。现在给你几种材料,在不倾斜瓶子的情况下,你能想办法让瓶子里的水流出来吗?

生:把橡皮泥放进瓶子里的水中。

生:不行,橡皮泥太小了,放进去水也流不出来。

生:把一根吸管放入水中,用嘴对着吸管把水吸出来。

……

(学生们七嘴八舌地说,可是似乎都没说到老师的心坎上,似乎与今天的教学内容不相关,老师的头上开始冒汗了,于是下面的教学开始了)

师:看来我们要通过实验来找到方法了,请你们先看大屏幕(大屏幕 PPT 演示实验操作方法),然后我们来做这个实验,请一位同学来读一读实验要求。

生读实验要求。

师：明白了吗？

生：明白了。（不知道学生明白了什么）

师：好，现在请同学们看老师是怎么做的。（老师一边说，一边操作，对实验的过程进行了演示：先把两根吸管穿过橡皮泥，再把橡皮泥固定在瓶口，然后往其中一根吸管吹气，水就从另外一根吸管流出来了）

师：看清楚了吗？

生：看清楚了。

师：好，下面就请同学们像老师那样做一做，小组长动手做，其他同学观察……

纵观以上教学片段，我们不难发现，教师把一个具有良好结构的科学探究活动变成了机械的模仿实验。如果说，刚开始教师提出"空气可以占据空间吗"这个问题时，学生还兴趣盎然，充满了好奇心和动手欲望的话，那么后来学生已经慢慢失去了兴趣，加之只是让少部分学生动手实验，其他学生"冷眼"观看，在后面的汇报中讨论"瓶子里的水为什么会流出来"，学生回答不上来也就不足为奇了。

教师乙：

这是一位年轻的科学教师，她对实验材料进行了小调整，上课伊始，她先出示了两只塑料瓶，一只装满了水，一只装满了沙子，让学生明白什么是"占据空间"。紧接着出示一只空的塑料瓶，然后问学生：谁占据了这只瓶子的空间？学生说是空气，老师说看不见，希望大家能够想办法，让老师"看"到空气也可以占据空间。

师：为了更好地解决这个问题，老师给每位同学准备了一个瓶口套有气球的瓶子（气球嘴套在瓶口上），比一比哪位同学能够在最短的时间内把气球吹大，然后把瓶子放在实验桌的中间。

学生兴趣盎然地吹气球，可是小脸憋得通红，也没能够把气球吹起来。一个个很着急的样子。

师：能够把气球吹大吗？

生：不能。

师：想把气球吹大吗？

生：想。

师：那我们应该找一找气球吹不大的原因，只有找到原因了，才可以对症下药啊。

（学生讨论不能够把气球吹大的原因，课堂气氛非常活跃）

师：下面我们来交流一下，你们小组认为气球为什么吹不起来？

生：我们认为瓶子里有空气，空气占据了瓶子的空间，不让我们把空气吹进气球，要把瓶子里的空气赶出来才可以。

师：怎么赶呢？

生：在瓶子上扎个洞。

生：把瓶子下面剪掉（手比划）。

师：这个方法可以吗？为什么可以这样做？

生：……

师：还有什么方法？

生：瓶子里的空间太小了，我们组认为找一个大一些的大瓶子，然后把气球放进去，可以吹得起来。

……

（大部分的学生都赞成在瓶子上扎洞，老师为每组提供了锥子并强调了要注意安全；认为用大瓶子可以把气球吹起来的小组，老师也为他们提供了大瓶子）

由于学生既动了手，又动了脑，教师没有任何讲解，学生很容易就理解了"空气可以占据空间"。

从以上两个教学片段我们不难看出，两位教师是否真正把科学探究落到了实处。笔者认为，把科学探究落到实处，可以从以下几方面做起：

一、学会放手，给学生提供充分探究的时间

充足的时间是落实科学探究活动最重要的因素之一。在教学中，我们经常担心万一把时间都交给孩子，有可能就收不回来了，就完不成教学任务了，因此，课堂上，教师的讲解仍然占据了一多半的时间，导致学生的探究碎片化。学生的探究往往才开始，那边已经喊"停"了。没有充分的探究，哪来深入的汇报？最后往往是教师出示实验结论，学生读一遍。例如，教师甲没有给予孩子充分的时间去思考、去交流，就让孩子照着自己提供的步骤去做实验，这样的活动又有多大意义呢？同时，科学探究不应该以下课铃声作为探究的终结，而应该引导学生把科学探究由课内延伸到课外。因此，教师应该给学生充分的探究时间和空间，让学生在做中思考，然后在思考的基础上再去做，这样的一个过程能使学生的思维得到螺旋式的提升。

二、全员参与，让所有的学生都动起来

公开课上，经常看到这样的场面：教师要求每组的同学在组长的带领下，1、2、3号同学分工合作，如果小组的人员比较多，除了很少的两三位同学操作外，其他同学只好当"看客"，汇报的时候，也往往由组长代劳。长此以往，部分学生慢慢失去了探究的兴趣，认为活动与他们关系不大，只要看看就行了，也不需要他们汇报，不需要动脑筋。小组内同学分工合作，无可厚非，但如果没有独立就谈不上合作。探究活动中，应该让每位孩子都参与进来，每个人都应该深入思考，然后在小组内交流。至于动手操作，如果实验器材比较简单，如前面提到的吹气球，完全可以让学生提前准备器材，让每个孩子都试一试。总之，合作，不是少数人做多数人看，而是所有人都主动、积极参与的一种状态。教师在组织教学时，应该强调小组内成员既要独立又要分工合作，充分发挥每个人的才智，不让任何一个孩子掉队。

三、关注交流，把学生的思维引向深入

纵观现在的科学课，有一个现象值得关注，就是教师比较关注学生的活动，而往往忽视汇报、交流环节，有时候这一环节干脆就被省略了，或者是流于形式的汇报。学生汇报的结论如果和教师预设的不一样，教师就会一句话搪塞过去，或直接对学生的结论提出怀疑，这些做法都有悖于科学探究的本质。作为教师，应该对学生活动前后的交流、研讨给予高度关注，对于部分小组汇报过程中出现的和其他小组不一样的结论或错误结论等，教师也不应该一棒子打死，而应该引导出错小组分析出现问题的原因，还可以通过再做一次实验的方式，让学生不光用耳听、用大脑思考，还“眼见为实”，在错误中发现真理，这才是真正的科学探究。

2．“水到”才能“渠成”

——关于小学科学探究活动中“三导”的思考

所谓水到渠成，意指水流到之处便有渠道，比喻有条件之后，事情自然会成功。运用到小学科学教学中，就是指学生的思维发展或对概念的认识，以及教师预设目标的达成，需要一定的条件作为支撑才能够实现。而教师的“三导”（即引导、启导、指导）作用，就是学生思维发展过程中的必要支撑条件，帮助学生的“思维发展之水”建立有效的“流通渠道”。下面以两位教师分别执教教科版小学《科学》五年级下册“时间”单元的第 4 课“用水测量时间”为例来说明。两位教师教学目标的定位大致相同：通过活动，探究流相同体积的水，水位不同需要的时间长短也不相同，能够对用水计时的准确性进行改进。

教师甲：

用 30 毫升的注射器和注射针实验，教师先向学生介绍了实验器材，并演示了实验方法，紧接着就让学生分别测量水从 30 毫升流到 20 毫升、从 20 毫升流到 10 毫升、从 10 毫升流到 0 毫升用时多少，学生机械地按照教师说的方法去做，至于为什么这样做，学生不明白。这是科学探究吗？这不是科学探究，充其量只能算是学生在教师指挥下的实践活动，学生不知道活动的目的，因此学习兴趣也不高。这位教师对下一环节的处理更是发人深思，为了让学生认识影响水流速度快慢的因素不仅有水位的问题还有针孔大小的问题，在指导学生分析的时候，出示了相关的图片证实水的流速的确与针孔大小有关，然后问学生：口径大小对计时有影响吗？教师的本意是让学生说出同一计时工具针孔大小对计时没有影响，但是由于前面缺乏足够的思考，学生依然认准针孔大小影响计时。教师只好急匆匆地解释：同一器材，只要水均匀流动，就不影响计时的准确性。这个环节一带而过，我看到了很多学生茫然的目光。

教师乙：

教师为每组学生准备了相同的储水塑料瓶（细、长），塑料瓶的底部用玻璃胶固定篮球气针。教师先让每组学生测量流 30 毫升水的用时情况，然后引导学生对测量结果进行分析，学生发现每组用时不一样，引发猜测，有学生提出用时多少与倒入塑料瓶里的水量多少有关，没有学生提到水位的问题（也可能是不理解）。这位教师顺着学生的思路，让学生设计方案来研究水量对水流速度的影响。学生设计的方案五花八门，有的学生测量相同时间内倒入不同的水量，比较流出水量的多少。还有的学生进行连续测量，即事先倒入100毫升的水，连续测量流出1—30毫升、30—60毫升、60—90毫升水量所用时间。学生目标明确、方案清晰，因此兴趣浓厚、专注度高。通过实验，学生一致认为，在出水孔大小相同的情况下，水量越多，流速就越快。这时候教师出示一个课前做好的装置，即两个粗细不同的瓶子，问学生：向粗细不同的瓶子里加入同样多的水，结果也是如此吗？教师先让学生猜测，然后让学生到讲台前操作，向大小不同的两个瓶子里倒入100毫升水，比较哪个瓶子里的水先流完，引发学生思考。这时候学生就会发现，水量影响流速的结论只是在瓶子大小、粗细相同的前提下，而对于不同粗细的瓶子，比较的不是水量，而是水的深度，即水位，此时学生才能够完全理解水位的概念。在此基础上再引导学生探究通过控制水位来控制流速，还会有困难吗？

上述两种不同的教学思路，其实是一种理念问题。课堂上，要求学生思考的，教师要提前思考，即教学的预设，但学生是活生生的个体，课堂上会出现更多的情况，因此教师要学会合理地“导”。《礼记·学记》中写道：“君子之教，喻也。”“道而弗牵则和，强而弗抑则易，开而弗达则思。”指导学生学习，不是牵着学生的鼻子走，不是包办、代替、告知结论，而是应该努力让学生的思维之水得到发展，水到自然渠成。

一、引导学生进行自主、合作、探究学习

教师的引导不是牵着学生走，而是根据设定的教学目标，认真制定教学策略，努力提高学生自主、合作、探究学习的效能。如果学生只是被动参与，教师说一做一，说二做二，无须动脑筋，也无所谓思维参与，那样的活动还会有意义吗？上述案例中，教师乙通过提供有结构的实验材料，让学生在活动中发现问题，才会想办法去研究影响水流速度的因素。如何去研究？需要制定一个合理的计划，明确如何做、怎么做、想获得什么样的数据等，这些都是需要思考、设计的。这就需要教师的有效引导，为学生的思维攀登架设一部梯子，只有学生主动参与到探究中，自主参与分析、交流，才会达到我们预期的目标。

当学生的探究与教学目标有较大偏差时，教师要给予规范性引导。教学的本质在于引导，这就是所谓的“开而弗达”。当学生的探究脱离了预定的教学目标时，教师不是轻易告诉学生研究的方向，而是引导他们怎样去辨明方向，给予规范性引导。教师乙在学生未能够理解水位对水流速度的影响，还是直观地认为是水量影响了水的流速时，准备了不同粗细的塑料瓶，倒入相同的水量，通过比较水的流速，学生自然明白了水位对流速的影响，这就是教师引导的作用。因此，教师在教学中，要善于准确把握核心问题，在研究的思路方面给予正确、规范的引导，让学生在对比中发现、理解问题，从而发展思维能力。

二、巧妙启发点拨，启导学生自我发现解决问题的思路

启即启发，导即引导，启导指在学生遇到思维障碍时，教师用凝练、简洁的语言给学生以思路，把学生从错误、毫无头绪的困惑中引导出来。教师要善于为学生创设思维的情境。当学生的思维活动与教师的预设有较大的差距时，教师不能限制学生思维的广阔性、灵活性的发展，强行中断学生的思维活动和思维过程，也不要强制性地把学生的思维纳入自己预先设定的轨道，而是要根据教学目的和要求，在学生回答的基础上顺水推舟，因势利导地组织教学活动。所以说教师点拨的内容要明确，点拨的时机也要掌握好。教师甲在学生对于"同一个器材，只要水均匀流动，就不影响计时的准确性"不能够认识时，完全可以通过演示实验或结合生活中学生比较熟悉、易于理解的事例来说明，而不应该强行灌输自己的结论。

三、指导学生学会思考与质疑，从"学会"转变为"会学"

1．教师在课堂教学中要注重对学生学习方法的科学指导。

教师要对学生进行学习方法的传授、诱导和渗透，帮助学生掌握科学有效的学习方法，使学生逐步形成较强的自学能力。自学能力的形成需要一个漫长的过程，所以教师要有耐心，不能看到学生操作不规范或实验方案设计不合理就着急，或者索性代替学生准备了全部的器材，还将实验器材完全组装到位，再提供一份详细的实验方案，让学生照着做就行。请问，这样的学生什么时候才能学会独立地进行科学探究呢？学生的思维能力提高了吗？因此，教师要正视学生的不足，予以合理的指导，长时间的坚持，相信学生的能力一定会有大幅度的提高。

2．教师要指导学生学会思考和提问。

会思考、会提问是学生良好学习习惯的重要方面。学生参与科学实验，并不是所谓的"把学习的主导权交给学生，想怎么学就怎么学"，这样会使学生随心所欲，自由散漫。因此，要想较好地达成学习目标，离不开教师合理的指导。教师在指导学生进行科学实验的时候，要能根据教学目标，结合学生的实际生活经验和现有水平，指导其提出有针对性的实验问题。例如，在教学"昼夜交替"一课时，要让学生完成两项任务：提出能够产生昼夜交替现象的几种假设和进行模拟实验验证假设。特别是模拟实验，没有明确的实验任务要求，学生不知道如何模拟，不明白谁围绕谁转，怎么实现，可能无从着手，就会盲目地瞎模仿，不能够验证提出的假设，也不会去深入思考。

另外，对于一些危险的或精密仪器的使用，如酒精灯、小刀、显微镜等，就更加需要教师的全程监督，规范实验操作流程，避免出现意外。在确保实验安全的前提下，教师要善于引导学生思考，善于引导学生根据现象提出问题，从而使学生对科学实验的结论有更深入的认识，更全面地把握科学本质。

由此可见，教师在课堂上的“三导”作用是非常重要的，是学生作为主体的学习基础，是课堂深度学习的核心。因此，教师必须充分发挥好引导、启导、指导的“三导”作用，进一步学习心理学知识，把握学生的心理特点，采取多样化的方法，引领学生有效探究。只有“三导”方法得当、时机合理，才会使学生对学习保持浓厚的兴趣，学生才会快乐、高效学习。

3. 用智慧猜想点燃科学探究

——小学科学猜想的有效性策略探究

法拉第说过：一旦科学插上幻想的翅膀，它就能赢得胜利。科学离不开猜想，猜想是科学进步的动力，是科学创新的火苗。猜想是学生的重要科学素养，小学科学作为培养学生基本科学素养的启蒙课程，理当将猜想意识的培养作为重要教学目标之一，培养学生的猜想意识与能力是每位科学教师义不容辞的责任。探究式学习是小学科学学习的主要方式，猜想是科学探究的引擎，是探究式学习不可或缺的环节，失去猜想，科学探究便迷失了方向。科学猜想不是天马行空的胡思乱想，而是一种与智慧结合的猜测，是有依据、有深度的想象。我们在科学教学中要用智慧猜想点燃科学探究，引导学生乐意猜想、善于猜想。在多年的小学科学教学中，笔者始终关注学生的猜想，探究出了一套培养学生科学猜想的有效策略。

一、创设趣味问题情境，诱发快乐猜想

爱因斯坦说过：若无某种大胆放肆的猜想，一般是不可能有知识的进展的。猜想是打开知识宝库的钥匙，我们只有为学生推开猜想之窗，让他们感知到窗外精彩无限的美景，他们才会产生猜想的兴趣，煽动猜想的翅膀。科学猜想不是空穴来风，科学猜想具有一定的情境性，我们应将科学问题融合于情境之中，用真实的生活情境引发学生猜想。

兴趣是猜想的动力，可以让猜想的风筝飞得更远。我常常在科学教学中创设趣味性的问题情境，诱发学生积极猜想，快乐猜想。例如，在教学苏教版三年级上册“做一名小科学家”中，为了使学生懂得提出猜想是科学探究的重要环节，鼓励学生养成猜想的习惯，我创设了有趣的问题情境，利用多媒体给学生播放了一段滑稽有趣的动物杂技表演，有小猴荡秋千、小狗钻火圈、鹦鹉骑车走钢丝等节目，其中惊险刺激的鹦鹉骑车走钢丝节目博得学生的阵阵喝彩。我把画面定格在鹦鹉骑车走钢丝，让学生猜测：“鹦鹉为什么能够稳稳当当地骑着单车走钢丝，怎么不掉下去?”有的学生猜想道：“可能是因为单车车轮下面有凹槽，所以单车不会掉下来。”有的学生猜测说：“是因为车子下面挂着重物，钢丝上面的车身轻，下面重。”“是因为鹦鹉被训练出特殊本领，所以能控制住单车。”还有的学生展开奇思妙想。有趣的鹦鹉骑车走钢丝诱发了学生的快乐猜想。最后，我就和学生亲手制作了一个纸鹦鹉，通过模拟实验验证了自己的猜想。

智慧猜想是一种快乐猜想，人在心情愉快时思维最为活跃，快乐状态下的想象最为丰富。为了诱发学生的快乐猜想，我们可以创设趣味猜想的情境，营造快乐猜想的氛围。

二、开放科学教学时空，激发自由猜想

传统的科学课堂是老师讲学生听，学生只能由老师牵着走，按部就班地依循老师设计好的路径进行所谓的“探究”，学生只能坐井观天，没有想象的自由，怎么能跳出“如来佛的手心”？传统教学方式禁锢了学生的思维，束缚了学生的想象力，使科学教学走进死胡同。

新课程倡导“生本课堂”，呼唤学生主体性的回归，提倡教学以学生为主体，让学生自主探究建构。“生本理念”要求我们开放科学教学时空，还学生以自由，为他们打开猜想之门，让他们自主探究、自由猜想。开放科学教学时空要求我们给学生创设猜想的机会，赋予充分想象的时间，不要轻易干扰学生的思维。例如，在教学四年级下册“预测”一课时，为了培养学生的好奇心，让学生养成积极主动预测的意识，我为学生营造了一个开放的科学教学时空，给学生提供了丰富的预测机会，让他们自由地进行猜想。我首先为学生展示了一只可爱的小猫图片，让学生猜测这只小猫正准备干什么。有的猜测说：“这只猫也许看到主人回来了，在和主人打招呼呢。”有的猜测说：“这只猫可能发现了一只老鼠，正准备冲上去捕捉老鼠。”听了学生的猜测，我表扬他们说：“你们的想象力真丰富！”我的鼓励更加激发了学生猜想的动力。接着，我又出示只露出一个角的三角形，让学生猜测这是一个什么三角形。学生结合学习经验猜测说：“有可能是锐角三角形，也有可能是直角三角形，或者可能是钝角三角形。”“同学们懂得利用已有经验进行猜测，真好！”接着，我又提供了许多可预测的科学事件让学生进行预测，以激发他们的预测兴趣，训练他们有依据地猜想，培养他们的猜想能力。

加缪说过：自由是使一个人变得更好的机会。自由猜想是真正科学探究的前提，自由猜想能使人释放出无限的潜能，让我们在科学教学中为学生营造一个开放的时空，让学生在想象的天空自由搏击。

三、基于实验方案设计，引发科学猜想

猜想假设是科学探究的导火索，有效的科学探究基于科学的猜想。科学的猜想是一种有目的的合理预测，是围绕核心问题展开的合情理的猜想。科学猜想基于科学知识与生活经验，是有依据的假设性想象，而不是无原则的幻想。科学合理的猜想为实验探究指引了方向，不至于使实验偏离探究中心，避免了无效实验。

设计实验方案在科学探究中是一个承上启下的环节，既是对猜想假设做出的预设性实验部署，又为实验操作提供了依据，保障了猜想验证的可靠性。

猜想假设是实验方案设计的第一步，猜想的科学性影响着实验程序的安排，对实验的完成起着决定性作用。因此，我们要在该环节当好学生的导师，发挥组织、引领的作用，引导学生对诸多猜想进行分析和反思，帮助学生诊断梳理，共同探寻出科学合理的猜想，以利于下一步方案的设计。譬如，在教学苏教版五年级上册“电磁铁”一课时，在探究电磁铁的磁力大小的影响因素时，我先让各组学生比一比哪个组的电磁铁吸起的大头针多，然后让学生观察比较各组的电磁铁，让他们猜想影响电磁铁磁力大小的因素有哪些。有的学生猜测说：“与导线长短有关。”有的说：“和导线粗细有关。”有的说：“与铁钉大小有关。”有的说：“与电池节数有关。”有的说：“与绕线圈数有关。”还有的说：“和通电时间长短有关。”学生的猜测真是五花八门，面对学生的这么多猜测，我和学生共同分析，从中遴选了绕线圈数和电池节数两种因素进行实验探究。接着，我又引导学生分别围绕电磁铁磁力大小与绕线圈数或电池节数的关系进行进一步猜想假设，这一回，学生的猜想有了明显的针对性。他们猜想电磁节数越多，磁力越大；绕线圈数越多，磁力越大。最后，学生围绕这两个方面的猜想设计实验方案，并进行了实验验证，有效地完成了探究任务。当然，对于学生的其他猜想，我鼓励他们对感兴趣的问题在课后进行探究。

猜想是实验的先导，科学探究中的猜想不是天马行空的胡思乱想，而是一种有针对性、有根据的猜想。为了提高科学实验的有效性，我们要引导学生进行科学猜想，设计好科学实验方案。

四、拓展延伸课外活动，畅发智慧猜想

社会思想家托夫勒认为：今天比以往任何时候都更需要对潜在的明天的想象。想象无极限，探究无终点。智慧猜想既是一种理念，也是一种合理猜想，还是一种有深度的思维，更是一种无休止的猜想精神。智慧猜想不能止步于课堂，而是要延伸至课外，要充斥生活的每一个角落。

我们在科学教学中要本着“从问题中来到问题中去”的宗旨，让学生带着问题离开课堂，揣着猜想到生活中去，开启新的探究征程，将科学探究推向深入，获得更多的科学创新。譬如，在教学“电磁铁”一课的“电磁铁的应用”内容时，我先让学生猜想生活中哪些地方用到电磁铁，学生根据对电磁铁性质的认识，结合自己的生活经历，展开了丰富的联想。接着，我展示了一些利用电磁铁的物体图片，向学生介绍了电磁铁在生活、生产中的应用，引导他们了解了一些物体的工作原理。为了激发学生对电磁铁的深入探究，我给学生出示了一个电磁吸盘，让学生猜想其内部结构，猜测其工作原理。在学生猜想后，我打开吸盘，为学生揭晓了电磁吸盘的奥秘，让学生感受到电磁铁的神奇力量，进一步激发了他们对电磁铁的兴趣。看到学生意犹未尽，我趁机说道：

"老师给你们提供电磁铁,请同学们在课后继续发挥想象,利用电磁铁亲手制作一个小玩具,比一比谁的玩具最有创意。"

课堂结束并不意味着科学探究的终止,而是新的猜想的起点。课外制作活动的安排,再度让学生充分发挥想象,将科学探究进行到底。

正如人生不能没有梦想一样,科学不能没有猜想,猜想让探究学习更有价值,让科学课堂焕发活力,让我们在科学教学中为学生插上想象的翅膀,让他们快乐自由地进行科学猜想,在科学的天空飞得更高。

4. 小学科学课常见的教学误区及对策

小学科学是以培养学生的科学素养为宗旨的科学启蒙课程，对于小学阶段的学生来说，这门课程能够较好地激发他们对科学的兴趣，从而为形成良好的科学素养打下基础。然而，从目前的课堂教学现状来看，还存在诸多的问题：

1. 科学课＝实验课。

很多教师错误地认为科学课就是实验课，就是带领学生动手做实验，对于动手操作以外的教学内容则无从下手。例如，教科版三年级的“植物的一生”“动物的一生”，六年级的“环境和我们”等，这些教学内容不是在课堂上通过实验就可以完成的，需要教师指导学生在课外去观察、去调查。但很多教师怕麻烦，为了节省时间，就采取机械讲解的方式，一个单元的内容用两节课就讲完了，教师讲得没劲儿，学生听得没味儿，达不到预定的教学目标。

2. 科学探究＝动手做。

科学探究既是科学学习的目标，又是科学学习的重要方式。科学课程就应该向学生提供充分的科学探究机会，使学生在像科学家那样进行科学探究的过程中，体验学习科学的乐趣，培养科学探究的能力。但是，很多教师在实际的教学过程中往往错误地认为科学探究就是动手做，至于在动手之前要思考哪些问题，在动手的过程中有哪些地方需要注意等，则没有进行充分的考虑。以下是笔者曾经在一所乡村小学听过的“我们的小缆车”的教学片段：

师：小车运动快慢与拉力大小是否有关系？有什么样的关系？请同学们猜测一下。

生：与拉力的大小有关系，拉力大，小车运动快，拉力小，小车运动慢。

师：好，下面老师就给每组同学几件实验器材，请你们动手试一试。

……

学生用了近 15 分钟的时间来做这个实验，由于教师缺乏必要的指导，整个课堂是一团糟，学生不知道如何去做，不知道如何去控制变量和不变量，表面看起来热热闹闹的场面，其实没有效果，学生得出的结论凭借的还是生活经验。

3. 课堂教学＝教教材。

部分教师解读教材的能力不足，多数时候是照本宣科，不知道如何选择教学内容，不能够为学生提供有结构的探究材料，教学效果不好。例如，一位老师在教学教科版三年级上册“水生植物”一课时，教材中图片呈现的是金鱼藻，本地同为水生植物的水葫芦、水花生还是比较多的，而这位老师弃之不用，只是让学生盯着课本上金鱼藻的图片观察，纸上谈兵。

造成以上误区的原因很多，归纳起来主要有：没有充分认识科学课的本质，对科学课的教材体系不了解，对教学目标的定位不准确等。为了进一步提高课堂教学效率，针对课堂教学中存在的问题，可以采取如下对策：

1. 吃透《小学科学课程标准》，把握科学课的教材体系。

科学课的课程目标涉及科学探究、情感态度与价值观、科学知识、技术与环境几大方面，这些目标一直贯穿小学科学课的始终，对于每一个目标的达成，各年级也是呈螺旋式的由低到高。因此，教师必须把握整个教材体系，明确每一个年级的分目标，这样落实到每一节课中，才会有的放矢，提高教学效率。

2. 理性地对待科学探究。

探究既是科学学习的目标，又是科学学习的主要方式。亲身经历以探究为主的学习活动是学生学习科学的主要途径。但科学探究的内涵很丰富，而不仅仅是动手做。如果一节课中学生仅仅是简单地动手操作，而不去记录、不去思考，这样的探究不能叫作科学探究，因为真正的科学探究要重视探究活动的各个要素，如提出问题、做出假设、制定与实施研究方案、收集和分析数据、反思评价等，只有让学生有机会充分练习这些思维方法，科学思维才能逐渐形成。例如，教学教科版五年级下册的“气体的热胀冷缩”一课，如果教师只是让学生按照教材上的要求把装置准备好（锥形瓶的瓶口上套上气球），分别放入热水、冷水和冰水，然后很明显地看到所发生的现象，在学生的大声欢呼中认识气体的热胀冷缩，没有深入引导学生去思考为什么气体受热后体积就会发生膨胀，那么学生看到的只是表面现象，这节课一个重要的教学目标“认识微观世界微粒的运动速度影响了物体的体积变化”就没有完成。学生的思维没能得到有效发展，这样的探究就不是成功的科学探究。

3. 合理、有效地整合教材。

教学不是为了完成教材规定的任务，而是利用教材实现教学目标，促进学生科学素养的全面提高。因此，变“教教材”为“用教材”尤为重要。具体可从以下几方面做起：

（1）可以根据本地、本班级的情况，有选择地取舍和整合教材。例如，在教学教科版五年级下册“沉和浮”单元时，我把“浮力”和“下沉的物体会受到水的浮力吗”这两节课的教学内容进行有机整合，把上浮的物体和下沉的物体对比着探究，认识不同状态的物体浮力大小有什么不同，浸入水中体积的多少与浮力大小的关系如何，利于学生建构关于浮力的认知体系。

(2) 根据本地的资源和环境、地域特点，对教学内容加以改进。例如，在教学教科版六年级下册“环境和我们”单元的“污水和污水处理”“考察家乡的自然水域”“环境问题和我们的行动”等课时，我没有按部就班一节课一节课地教学，而是把我校的科学校本教材《弯弯运河过我家》中“考察运河”等内容融合进来，让学生在实践中学习，增强他们的责任感，使他们受到思想教育。

4. 关注实验材料的选择。

充足的探究材料是科学探究活动顺利进行的重要保证。目前，各校科学实验室配备的材料基本上能够满足实验教学需要，但如果想在教学中获得更好的效果，也需要我们对现有的实验器材进行改进。例如，在教学教科版五年级下册“浮力”一课时，对于如何测量压入水中的泡沫块受到的浮力，教材中提出使用橡皮泥固定小滑轮在水槽的底部，变测量浮力为拉力，但是在实际操作的过程中，橡皮泥遇到水就变黏糊了，不能够起到固定的作用，为此在实验中，我用小吸盘代替橡皮泥，教学效果非常好。

科学教师还要做有心人，要提前研究教材，对于需要哪些实验器材，做到心中有数，提前安排学生和自己准备。例如，教学三年级“比较水的多少”一课时，需要准备大小不同的塑料瓶，教师就可以让学生把空饮料瓶带到学校，然后根据教学需要进行选择，并且带来的塑料瓶今年用过了，明年还可以再用。总之，只要我们做个有心人，一定能够找到适合学生探究的材料。

5. 找准教师的“位置”。

新课改实施以来，人们更关注学生的主体地位，这一点值得肯定，但是教师的主导地位也是不容忽视的，如果一味地强调学生的主体，教师的主导作用得不到有效发挥，就会影响教学目标的达成。小学科学是一门非常特殊的学科，在教学中，对于一些科学的观察方法、规范的实验操作，需要教师去引导、去示范。例如，三年级的学生刚接触科学，第一单元安排的内容就是“植物”，那么如何指导学生有序观察就是所要关注的重点；教学四年级“溶解”单元，学生撰写研究计划，做对比实验，如何控制变量和不变量是教师指导的重点；学生第一次使用酒精灯、显微镜，教师要规范地演示……所有这些，都需要教师去思考为了达成教学目标该如何找准自己的位置。

5. 浅谈小学生自然智能的培养

所谓自然智能,也即自然认知智能,是指善于观察自然界中的各种事物,对物体进行辩论和分类的能力。具有自然智能特质的孩子,在生活中会呈现出敏锐的观察力与强烈的好奇心,喜欢亲身体验自然界的奇妙,并对事物有特别的分类、辨别、记忆的方式。提出这一概念的是美国哈佛大学教育研究院的心理发展学家霍华德・加德纳,他认为人类的智能是多元化的而非单一的,主要由语言智能、数学逻辑智能、空间智能、身体运动智能、音乐智能、人际智能、自我认知智能、自然认知智能等组成,每个人都拥有不同的智能优势组合。他还指出:对于一个孩子的发展最重要的、最有用的教育方法是帮助他寻找到一个他的才能可以尽情施展的地方,在那里他可以满意而能干。

并不是每个孩子天生都拥有超强的自然智能,但是对于大部分的学生,特别是低年级的学生来说,他们都拥有潜在的自然智能。因为越是低年级的孩子,越喜欢大自然,越喜欢观察,有的孩子面对一只小蚂蚁能观察半天还恋恋不舍,有的孩子面对一株狗尾巴草会发出夸张的惊叹声。因此,培养孩子的自然智能,就是从培养孩子的观察能力开始,而这项智能的培养也能够有效提高学生的专注力。那么如何培养小学生的自然认知智能呢?亲近大自然是一种最有效的途径。

一、学校,将大自然作为重要的课堂

大自然是神奇的,带领学生到自然中上课,可以让学生获得很多课本上学不到的知识。不仅仅是科学课,所有的学科与大自然都有着紧密的联系,需要教师做个有心人,找到学科教学和大自然的契合点。在小学科学课的教学中,将学生带到室外教学"植物""动物"单元的内容,学生认识了校园内百余种植物,知道比较两种不同的植物就是要仔细观察找到它们细微的差别,发现了蚂蚁是如何交流信息、搬运食物的;语文写作课上,带领学生到大自然中寻找最美的风景,让学生体验春去秋来花开花落,有了这样的体验才能写出高质量的作文;数学课上,带领学生到自然中寻找数字的秘密,探索一棵树有多高、一片树叶有多宽、蚂蚁能够背起比它身体重多少倍的物体;综合实践活动课,带领学生走进大自然,调查本区域寿命超过一百年的本土树种,调查宿迁段运河水的污染及河中水生物的生存情况等,并给相关部门提出保护的建议……这样的课堂，学生在获得知识的同时，还获得了丰富的认知体验。

二、家庭，引导孩子亲近自然

随着城市化进程的加快，越来越多的孩子生活在了钢筋水泥构筑的亭台楼阁中，失去了与大自然亲近的机会，与手机、电视、电脑接触的机会越来越多，这样的环境不利于学生自然智能的培养。因此，作为家长，培养孩子的自然智能一定要让孩子接触自然，要注意发掘和引导孩子的兴趣，不要采取强迫的手段。

带领孩子外出游览。亲子游览除了能够让孩子感受到浓浓的亲情，还能够激发他们对大自然的兴趣，让他们在游玩中学会观察，有所创造和发现。当然，在孩子观赏接触自然的同时，家长也应该以身作则，用实际行动让孩子懂得自然对人类的意义，从内心萌发出对自然的热爱。

和孩子一起开展种植、养殖活动。教育需要学校和家庭的共同配合。例如，教学科学课"植物"和"动物"单元时，安排一些活动，如种植凤仙花、养殖小蜗牛等。如果家长不支持或者反对孩子的活动，孩子就很难坚持，失去观察的兴趣。因此，家长应该积极支持，为孩子提供力所能及的帮助，如为孩子搜集相关的图片资料，提醒孩子及时给种植的凤仙花、绿豆等植物浇水，定期给小蜗牛、小金鱼喂食，并认真观察、记录动植物的变化过程，撰写观察日记。有条件的家长还可以配合孩子留下一些过程性的照片，和孩子共同完成种植或者养殖报告。长期坚持，孩子必将更加亲近自然、热爱自然，了解自然界生生不息的力量，学会懂得重视生命、珍惜生命，有效提高自然认知智能。

三、阅读，自然智能培养的另一种方式

阅读是学生亲近自然的一种有效填补方法。无论是教师还是家长，都要重视科学阅读，可以经常给他们推荐一些自然类的科普读物，如《昆虫记》《大自然的日历》《笔记大自然》及一些动物类小说等，让学生在阅读中感受大自然的千变万化，感受大自然中生命的神奇，这对于学生敏锐的观察力和思维力的培养有着重要的作用。

总之，自然智能是一项重要的智能，作为教师及家长，有意识地让学生触摸自然、感受自然，一定会让他们在自然中感受成长的快乐，也必将有效提升他们的自然认知智能。

6. 小学科学实验探究活动中培养学生质疑能力的实践研究

一、前言

（一）关于本课题的思考

我国古代大教育家孔子说过：疑是思之始，学之端。朱熹曰：学贵有疑。爱因斯坦也曾说过：提出问题比解决问题更重要。这些都说明质疑的重要性。质疑能力是人的一项重要能力，对于小学科学学科而言，质疑是学生的认知由前概念向科学本质迈进的必要环节，质疑习惯的养成和质疑能力的培养有助于学生科学思维的有效提升。在做课题前，课题组通过查阅资料获悉，由中国青少年研究中心、北京师范大学教育系、北京出版社等方面的专家组成的“我国中小学生学习与发展”课题组的最新研究发现，从小学到高中，学生在课堂上主动回答问题的积极性越来越低。调查结果显示：在上课遇到问题当场主动提出质疑的学生中，不同学段的占比如下表：

学段	小学	初中	高中
主动质疑占比	13.8%	5.7%	2.9%

因此，在当今教育中一个不容忽视的问题就是学生的问题意识淡薄，对问题的质疑能力较弱。在小学的科学实验课堂中，小组中往往是几个学生把控整个课堂，其他学生无发言机会，长期下来，很多学生也不愿意发言，更谈不上质疑能力的培养了。作为教育者，应该设法呵护儿童质疑的积极性，培养他们对科学的兴趣和求知欲，为他们创造科学探究活动的情境，鼓励他们大胆想象、大胆提问、勇于质疑，这是培养创新型人才的重要基础。

（二）本课题试图解决的问题

本课题的研究，试图通过调查了解小学科学实验探究活动中学生质疑能力的现状，并进行深入分析，以案例研究法为主，辅以其他研究方法，形成在小学科学实验探究中培养学生质疑能力的有效策略，让学生通过亲历实验探究活动获得亲身体验，产生积极情感，提高他们发现问题和解决问题的能力，引导他们在学习中学会合作与分享，端正科学态度，形成良好的科学精神，增强社会责任感。课题的研究将对课堂教学实现多方面的、实质性的转变，让教师掌握适应时代需要的教学策略，并善于在实践中灵活运用、科学组合，实现“有效教学”，适应课改需要，走在教学前沿。

（三）理论依据

1. 布鲁纳的“认知-发现”学习理论。布鲁纳认为：学生必须对学习材料所揭示的规则、现象、事物正确地类别化（概括化），以促进知识的获得和认知结构的形成。学生在科学探究实验活动中，根据实验现象提出问题，或对他人的研究成果提出质疑，并加以讨论交流，在这一过程中，学生能够有效提升自己的质疑能力和思维水平。

2. 杜威的“从做中学”。杜威认为：教学过程应该就是“做”的过程，如果儿童没有“做”的机会，那必然会阻碍儿童的自然发展。儿童生来就有一种要做事和要工作的愿望，对活动具有强烈的兴趣，对此要给予特别的重视。学生在科学探究的实验过程中，通过“做”引发思考，在思考的基础上再去“做”，这个过程促进儿童思维螺旋式上升。

3. 维果茨基的“儿童心理发展的文化历史学说”。这一学说有一个重要的理论假设，即人的心理过程的变化与他的实践活动过程的变化是同步的。可以通过实践活动对意识进行客观研究，把意识的内容加以物化，将其转换成客观的语言，转换成客观存在的东西。在实践中引导学生质疑，在质疑中提升学生的思辨能力。

（四）研究目标和内容

研究目标：

1. 进一步培养学生在实验探究活动中的好奇心，能从“这是什么”“为什么会这样”等角度对周围事物提出问题，并做出假设性的解释，培养学生敢于质疑、善于思辨的思维习惯，提升学生科学探究的质量和效度。

2. 初步形成在实验探究活动中提高学生质疑能力的有效策略。通过课题研究，初步形成在组织教学、发现问题、提出假设、活动探究、分析实验数据、实验教学指导等方面提高学生质疑能力的有效策略。

3. 积累实验研究案例，建设校本课程体系。通过研究，促进教师对小学科学实验中培养学生质疑能力的关注，形成具有本校特色的科学校本教材。

研究内容：

1. 关于培养学生质疑能力的文献研究。

2. 小学科学实验探究活动中学生质疑能力现状的调查研究。运用行动研究法、问卷调查法、案例研究法，对学生的质疑能力进行分析、调查，梳理出当前学生在实验探究活动中质疑能力主要存在的问题。

3. 小学科学实验探究活动中培养学生质疑能力的策略研究。

(1) 以提高学生质疑能力为目标的实验探究活动组织策略研究，主要包括在兴趣激发、氛围营造、课堂调控等方面进行研究。

（2）以提高学生质疑能力为目标的教师指导及评价策略研究。

4. 小学科学实验探究活动中培养学生质疑能力的校本课程开发研究。通过对研究案例分析、研究和整理，开发并形成具有本校特色的科学校本课程体系。

二、主要研究工作

（一）基于本课题研究内容的文献综述和调查研究

1. 开展基于学生质疑能力培养的文献综述。

质疑能力是学生的一项重要的思辨能力，是学生思维能力、创造能力发展的基础，也是学生科学素养的一个重要组成部分。“质疑”作为一种教育思想，历史悠久。考察“质疑”及其研究历史，对开展本课题的研究具有很好的参考和借鉴作用。课题组查阅并学习了大量的文献资料，如《质疑与重构：逻辑基础新论》（袁放著）、《支玉恒课堂教学研究评论与质疑》（支玉恒著）、《教会学生学会质疑》（萨利·斯坦利著）等，同时还借鉴了与本课题研究内容相近的课题研究成果，寻求理论和实践的指导，并进行了归类整理，课题组一致认可以下的看法：

国外的观点：

在西方，与“质疑”相关的最早论述可追溯到古希腊苏格拉底的“精神助产术”。苏格拉底被认为是以“问题”进行教学的鼻祖。苏格拉底通过谈话、提出问题、回答问题、反复发难来寻求普遍的定义，以促使对方更加深入地思考问题。

法国著名思想家卢梭认为教学中重要的是要让学生去发现真理，而不是教给他真理。问题不在于教给他各种学问，而在于培养他爱好学问的兴趣，并且在这种兴趣充分增长起来的时候，教给他研究学问的方法。毫无疑问，这是所有一切良好教育的一个基本原则。他提倡要通过设置问题情境，让学生在解决问题和研究中学习，以此来培养学生的独立思考能力和独立判断能力。卢梭认为师生之间可以互相提问，教师不应该告诉学生应该学什么，而要由学生自己决定学什么和研究什么。

对问题教学有较系统的论述并阐述其心理学基础的是美国实用主义教育家杜威。他认为思维的自然规律是所谓的“实验逻辑”的反省思维。它是对问题反复持续地进行探究的过程。反省思维是疑难的或不确定的情景两端之间的全过程。两端之间，思维过程有5个形态或步骤：（1）疑难的情境处于困惑、迷乱、怀疑的状态，即疑难或问题的发现；（2）确立疑难的所在和性质，并从疑难中提出问题；（3）提出假设，作为可能的解决方法；（4）演绎假设所适用的事例；（5）假设经实验证实而成立为结论。杜威对问题教学的思想以及对整个问题教学的发展都有着非常重大的影响。

20 世纪 80 年代,美国基础教育领域提倡"问题解决为中心"的课堂教学方法。美国教育家布鲁巴克认为,最精湛的教学艺术遵循的准则是学生自己提出问题。美国另一位教育家胡佛则指出:整个教学的最终目标是培养学生正确提出问题和回答问题的能力,任何时候都应鼓励学生提问。

国内的观点:

春秋时期大教育家孔子认为要"学""问"结合,学生要获得知识必须要多闻多问,甚至要"敏而好学,不耻下问"。他还提出要"疑""思""问"结合,即有疑才会思,经过思考才能发现问题,有了问题才会产生疑惑,三者相互制约,循环往复,把思维推向深入。

我国最早的教育理论专著《礼记·学记》指出:"道而弗牵则和,强而弗抑则易,开而弗达则思。""道而弗牵"中的"道"即"导",要求在教学过程中教师起主导作用,引导学生主动地投入学习,而不能牵制、束缚学生的思维,拉着他们的鼻子走。"强而弗抑"中的"强"即鼓励、督促,要求在教学过程中不断给学生以鼓励和督促,给学生以足够的自信心,在愉快的教学过程中,使学生感到"我能我行",而不能压抑学生的思维,妨碍发展。"开而弗达"中的"开"即"开端",指提出问题;"达"即"通达""到达",指问题的结论、答案。要求在教学过程中教师提出问题后,不必马上提供答案,应引导学生自己去钻研,去探究,力求自己解答。这不仅符合教学的一般规律,而且揭示了提问在教学过程中的作用。

朱熹提出:学贵有疑,大疑则大进,小疑则小进,不疑则不进。他认为教师的作用在于"道",即"指引",这与"道而弗牵"的观点是一脉相承的。

当前,也有许多教育工作者在研究关于学生质疑能力培养的问题。总的观点基本上有以下共识:培养学生的质疑能力,有利于学生形成良好的思维品质,质疑、释疑会使学生的思维品质得到提高,而良好的思维品质又能提出更深层次的质疑。通过对学生质疑能力的培养,可以使学生树立严谨认真的学习态度,学生实事求是的精神在潜移默化中会得到发展。教育的真谛就是使学生学会质疑。敢于质疑、善于质疑、乐于质疑是质疑能力的三个逐渐递进的层面,其中善于质疑是核心。教师在课堂教学中可以从敢于质疑、善于质疑、乐于质疑三个层面来培养学生的质疑能力。

2. 基于学生质疑能力培养的调查研究。

在前期文献研究的基础上,为了了解研究对象的质疑能力及水平,使课题研究更有针对性,课题组通过问卷调查、访谈、案例分析等形式进行研究。课题组首先进行了摸底调查,并于 2014 年 6 月设计了一份学生问卷,对随机抽取的三至六年级共 480 名学生(每个年级各 120 名)发放了调查问卷。同时从任教三至六年级科学课并且是课题组研究成员的教师的录播课中随机调入四节课的视频(均是典型的科学探究课),每个年级一节,采用断点解剖式的方法,分析课堂上学生的质疑能力现状,重点从课堂上质疑的学生数量、质疑的问题量以及质疑问题的价值三方面进行记录、比较和综合分析,发现当前小学生的质疑能力有以下特点:

(1) 大多数学生质疑意识较强,超过一半的学生乐于在课堂上提出问题,并积极和同学进行讨论交流;(2) 教师对学生的质疑能力不太关注,很少能够有意识地去关注学生质疑能力的培养;(3) 年级之间不均衡,比较而言,中年级的学生比高年级的学生更喜欢提出问题,更希望自己的问题能够引起老师和同学们的关注;(4) 质疑的问题难易度不均。中年级的学生大部分认为自己提的问题很有价值,迫切需要老师和同学以及家长帮忙解决。而高年级的学生很多时候担心自己提出的问题简单,老师及同学会笑话,因而很少提问,只有当自己觉得提出的问题非常有价值、有难度时,才提出来。

上述问题的存在,主要有以下几方面原因:(1) 学生缺乏质疑意识,不善思考、不肯思考、不能质疑或是不善于质疑。(2) 教师质疑意识不强,批判性思维意识缺乏,在课堂上不能够为学生创设良好的探究氛围,引导学生积极质疑。以上调查,使我们对本课题研究的目标、内容以及具体实施有了更清晰的方向。

(二) 开展形式多样的课题教学研讨活动

加强研讨是提高课题研究有效性的重要方法。课题组的研究采取理论学习加指导课堂教学的形式进行,并对课前、课中、课后提出了不同的研究要求。

课前:课题组要求实验教师围绕研究主题认真钻研教材,深入备课,并与集体讨论的方式相结合。同年级任课教师的课堂教学严格做到统一教学目标、教学计划、教学内容、教学进度、测验考试。

课中:教师尽可能做到每堂课都优质高效,必须遵守几点原则:(1) 明确本堂课的教学目标,特别是学生科学思维的发展;(2) 让学生积极参与教学活动,关注每一位学生的参与度及提问的次数;(3) 当堂检查、反馈和巩固。按照要求,两年时间以来,课题组开展了以下研讨活动:

一是开展名师示范课、骨干公开课、青年展示课、新手汇报课、全员过关课"五课研训"活动。课题主持人身先士卒,带头上示范课、研讨课,为大家提供"靶子",为课题研究提供案本。课题组还要求每位专兼职科学教师围绕实验研究目标每学年至少开设两节公开课或研讨课,并进行随堂录像,供自己和其他老师观看。

二是开展"同课异构"活动。课题组每学期安排 6 节同题研究课,由课题组的六位核心组成员教学相同内容，而后围绕"实验探究活动中学生质疑能力的培养"进行点评，分析每节课的特点、亮点、优缺点，在此基础上总结归纳，达成共识，打造精品课堂，切实提高学生的质疑能力。

三是开展"一课三上"活动。让课题组的青年教师就同一内容三次执教，每次上课后课题组成员帮助分析、点评、修改、完善，通过"三上三改"活动，让青年教师在经历肯定、否定、建构、重组的过程中不断反思、不断进步，探索培养学生质疑能力的方式方法及策略。

四是课后反思、分析。对每一节研究课，课题组成员除了跟踪听课外，还在教研活动时将视频拿过来，进行断点式的反复回放，分析教师和学生在课堂上的表现，分析教师是否为学生的质疑提供了时间和空间，学生有无主动质疑的意识。无论做得到位与否，都要认真分析，成功的地方总结经验，不足的地方要分析原因、制订对策，并在下一步的研究中努力改进。

科学实验探究有其特殊性，很多时候，短短的40分钟一节课不能够完成一个主题的实验探究，40分钟时间到了，可是我们的探究活动还没有结束，这就需要我们想办法给学生提供继续探究的时间和空间，保证实验探究活动的连续性和完整性。为此，我们允许学生以小组为单位外借实验仪器，鼓励学生在课后积极探究，将学习从课内延伸到课外，还鼓励学生积极撰写研究报告和调查报告，让学生在活动中提升动手操作能力和质疑能力，以及创新创造能力。

（三）采用个案研究法，关注典型学生

为了进一步探索培养学生质疑能力的方法与策略，课题组既从面上对实验班级的全体学生课堂上的表现进行关注记录，更关注对典型案例的跟踪与分析。课题组要求实验教师从实验班级中选择两类学生作为研究重点，即在课堂上特别喜欢质疑的学生5名，几乎不发言或不提问题的学生3名，通过课堂教学视频分析、单独谈话等形式研究这两类学生的行为表现，为课题研究提供案例基础。

三、研究成果

（一）进一步认识培养学生质疑能力的意义和价值

在文献研究和现状研究的基础上，课题组对于学生质疑能力的培养有了进一步深刻的认识。在设疑、解疑的过程中，学生会积极地调动各种因素全身心地参与，不断积累解决问题的经验和方法，最终提高解疑能力。让学生发现问题、提出问题、解决问题，依靠自己主动探索，主动质疑、求疑，良好的方法才能在学生的心中扎根。当学生由一个质疑者、探索者最终成为一个发现者和创造者时，其内心的愿望得到满足，会迸发出更大的学习热情，从而产生持久的学习动力。因此，教师需要深刻理解教育的内涵，真正树立以学生发展为本的理念，不断完善自己的知识结构，为学生的探究式学习提供最大限度的时间、空间，从而推进课堂教学的改革，帮助学生真正完成从被动接受到主动探究的学习方式上的转变。

（二）初步形成了在小学科学实验探究活动中提高学生质疑能力的组织策略

经过一年的实践研究，课题组在实验探究氛围的营造、质疑的规则和技巧、质疑的方法、质疑的评价等方面总结了培养并提高学生质疑能力的方法和策略。

1. 营造质疑的氛围。

课题组通过问卷调查、访谈、案例分析等，对当前学生的质疑现状进行综合分析，发现在当前的科学课中存在一些问题，如教师对学生的质疑能力不够关注，高年级学生和低年级学生相比不喜欢提问题等。究其原因，主要是由于学生质疑能力弱，教师质疑意识不强、批判性思维意识缺乏，在课堂上不能够为学生营造良好的探究氛围等。为此，教师要为学生营造宽松愉悦的良好氛围，让学生敢于质疑。

课前激趣。根据不同类型的教学内容，采用多样化的导入方法，如多媒体展示、创编故事、设置智慧闯关等形式活跃学生的思维，以激发学生的好奇心，使其产生探究学习的欲望。

课后延伸。教师鼓励学生继续课堂上没有完成的探究活动，并协调仪器室，将实验器材外借给学生，激发学生探究的热情，培养他们持之以恒的好习惯。另外，教师要积极担任学生的课外实验探究活动顾问，让学生感受到来自教师的支持和关心。

2. 明确质疑的规则和技巧。

（1）学会倾听。倾听是一个复杂的思维活动，当学生在倾听同学或老师的发言时，必定要努力弄清楚同学要表达的意思，而这种弄清楚的过程，就是思维活跃的过程。学生学会了倾听之后，才会在倾听中学会思考，在思考中进行质疑，长期坚持，倾听就成了学习的一种需要。作为老师，除了要给学生树立起“认真倾听”的榜样之外，还要努力为学生创造认真倾听的氛围，通过多样化的方式，让学生产生倾听的需要，促进学生做出正确的判断，学会深入地思考。

（2）学会对生活现象进行质疑。质疑要做到“腹中有货”，这首先要求教师要引导学生学会认真观察。从观察生活中的一些现象开始，在观察的基础上引导学生学会质疑。只要学生善于观察，就会善于思考，这就有了质疑的基础。这样，他们的质疑就会显得有胆识、有魄力。

（3）阐明想法和问题的技巧。学生在探究教学中，需要在小组中或班级中阐明自己的观点，这种观点或来自反思别人的想法，或是对探究某个问题的证据呈现。因此，教师有必要指导学生科学合理地表达，如可以让孩子按照一定的顺序表达，先表明自己的观点，然后再列举证据。对于中低年级的孩子而言，教师可以让他们按照特定的句式来说，如：我认为……我的证据是……学生在质疑中也可以按照这样的句式：我不同意××的观点，我的证据是……诸如“我不同意……因为……我改变主意了，因为……我明白你所说的话，但是你是否考虑过……”坚持通过这种方式训练，能够为学生提供确认自己在科学探究活动中的位置以及价值的机会，同时能够有效提升学生的思维能力。

在这个过程中，教师要善于做一个“挑矛盾”的人。要善于发现学生思维的矛盾点，挑起矛盾让学生之间互相质疑和修正，让学生自己在头脑中不断建构，尽可能让他们自己通过反复的讨论来厘清答案，教师只是在必要的时候促进一下。

3. 学会质疑的方法。

儿童天生具有探究的愿望，渴望理解这个世界以及我们身边发生的事情，渴望理解它们如何发生以及为何发生。因此，他们会提出许多的问题，在提出的问题中，有些问题有毋庸置疑的答案，也就是封闭式问题，这类问题并不是错误的问题，而是无法引发更多的思考。我们更需要培养学生多提开放性的、有价值的、更具有哲学意义的问题，这些问题能够提升他们对概念的进一步认识，将探究引向深入。这一过程是思维能力培养的过程，思考和操作密切配合，在达成教学目标的同时，可以有效提升学生的思维品质。

4. 提供质疑的空间和时间。

始终要记住一点，探究是需要花费时间的，是需要给予学生大量的时间去探索的，只有经历了充分的、自主的探究，而不是“浅尝辄止的探究”，学习才会在学生头脑中真正发生。本课题的研究同样是建立在保证学生有充足探究时间的基础之上。足够的时间才能够保证学生在小组中质疑，鼓励他们去讨论自己认为有趣的发现，或交流彼此对某一探究问题的想法。当然，这种交流和讨论还需要建立在面向全体学生的基础上。当学生提出开放性的疑问时，教师可以鼓励学生闭上眼睛或者安静地坐几分钟来反思自己提出的想法，并可以采用多种方式来表达自己的想法（写、画、列表等）。在此环节进行后，鼓励学生之间交流讨论。随着时间的推移，学生就会学会相信自己的判断，并评价自己以及他人的观点。

5. 建立新型的师生关系。

教师作为活动的组织者，还要努力为学生提供一个宽松的环境，让孩子感受到安全，这样的环境可以帮助他们更好地思考。同时，教师要重点关注部分学习有困难的学生，要适时地予以安慰和支持，教会他们从同伴或榜样那里感受到温暖和期待，并模仿同伴将自己的思考或简单描述转化成为问题。

（三）初步构建学生质疑能力评价指标

在课堂教学中，学生都想及时听到老师和同学对于他参与活动的表现的评价，评价是否合理准确、评价方式是否得当将会影响他下一阶段参与活动的积极性。因此，科学评价也是教学过程中的重要一环。对学生质疑能力的评价也应该遵循评价方法的多样化、评价时机的全程化、评价语言的艺术性等原则，让学生既能感受到来自老师和同学们的肯定，同时也能够接受并正视自己的不足，并努力去弥补，从而在提高质疑能力的同时，树立正确的是非观，形成健康的心理。

基于对学生质疑能力的培养，课题组通过实践，从实验探究活动中的质疑、证据使用、合作学习、学习呈现四方面进行评价，评价采取学生自评、互评，教师评价定量和定性相结合的形式进行，具体指标如下：

质疑能力培养星级评价表

<table>
<tr><th>评价项目</th><th>表现维度</th><th>水平特征</th><th>得分</th></tr>
<tr><td rowspan="4">质疑表现</td><td>实验探究活动中的质疑</td><td>○ 能结合场景提出一个科学问题，做出猜测，并在老师、同伴的帮助下设计相对可行的实验方案进行探究。☆
○ 能结合场景提出一个有科学价值的科学问题，做出猜测，并和同伴合作设计相对可行的实验方案进行探究。☆☆
○ 能结合场景提出一个有价值的科学问题，做出猜测，并独立设计完善的实验方案进行探究。☆☆☆☆</td><td></td></tr>
<tr><td>证据使用</td><td>○ 回答中只有主观理由，证据不准确或者没有证据 ☆
○ 回答中提供了若干理由，并且有一些支持的证据 ☆☆
○ 回答中提供了主要的客观理由，并且每个理由都有相关的准确的证据支持。☆☆☆☆</td><td></td></tr>
<tr><td>合作学习</td><td>○ 在组内能被动地参与部分互动学习。☆
○ 在组内能自主参与学习活动，发言比较积极。☆☆
○ 在组内能创造性地、积极主动参与所有学习活动，发言非常积极。☆☆☆☆</td><td></td></tr>
<tr><td>学习呈现</td><td>○ 通过学习，知道一个具体的科学现象。☆
○ 通过学习，知道一个具体的科学小概念。☆☆
○ 通过学习，能够联系相关科学概念，具有探究更大关联性问题的欲望和兴趣。☆☆☆☆</td><td></td></tr>
</table>

续表

评价项目	表现维度	水平特征	得分
评价结果	10 颗☆及以下 11 颗☆—28 颗☆ 29 颗☆以上	有一定差距，要加油哦！ 不错啊，继续加油哦！ 恭喜你，太棒啦！	

（四）初步完成了探究活动校本课程框架构建

课题组根据现行教材的特点及培养学生质疑能力的需要，对现有教材进行了整合与拓展，开发了校本课程，共分六大主题，编撰了科学探究活动校本教材。目前已经初步完成的是“奇妙的生活中的科学”，暂定书名为“瓶子里的秘密”，该教材根据学生的年龄特点，分为上、下两册，上册适用于三、四年级学生，下册适用于五、六年级学生，目前已初步完成了教材的架构。

（五）激发了学生的学习内驱力

维果茨基认为：小学生的科学概念是在与同伴的交流中获得的。交流和讨论是小学生在观察和实验的基础上形成科学解释的主要过程。由于学生的差异，教学过程中会出现学生的疑惑，会产生认知的误区，也会出现创新的思维火花，通过交流和讨论，它可以引发许多问题生成。课题组研究发现，自从关注培养学生问题意识和质疑能力、给足学生体验与探究的时间和空间后，学生学习科学的热情高涨，主动提出问题、积极参与讨论的学生变多了，这说明学生爱思考了。探究活动中，时不时地有学生展开激烈的辩论，迸发智慧的火花，引发创新的欲望，教师被难住等现象经常出现。师生之间、生生之间的距离更近了。

（六）促进了教师和学生的共同发展

1. 教师专业素养有效提升。

无论是最初的理论研究，还是后来的行动研究，都为教师提供了学习的场所。围绕本课题研究，课题组大部分教师都在本地区上了观摩课、研究课，承担了专题讲座、培训，教师驾驭科学课堂的能力和专业水平得到了锻炼和发展。两年来，课题组开展了形式多样的研究活动，每位成员至少上了三节研究课，撰写了不低于 1 万字的研究反思，课题组成员到教育共同体成员学校开设讲座 6 人次。在对每一节研究课的课前备课、上课、课后评课的连续性的解剖中，每位参与者通过自己上课、参与评课、不断反思，对教材的驾驭能力以及对课堂的掌控能力不断提高，科研能力和综合素质得到有效提升。两年来，有四位课题组教师参加市区级的讲课比赛或者上示范课，有两位课题组教师的论文获奖或发表。

2. 学生的科学素养得到了提高。

通过本课题的研究,学生的学习方式得到了一定的改善,其科学素养得到了明显的提高。从课题研究前的学生调查问卷和课题结题前开展的学生科学探究小论文竞赛中不难发现,学生经历了不会问、不敢问、不善问到敢问、会问、善问,从不懂、不会探究到能掌握探究方法的质变过程。由于研究教师高度重视实验探究活动中学生质疑能力的培养,并坚持加以训练,学生的思考能力、创新思维能力得到了有效提升,在省市级的科技比赛中屡获大奖。

四、研究的后续思考及展望

进一步思考和研究学生质疑能力培养的评价问题,更加深入地开展课题研究的实践活动,对实验过程及成果进行再分析、再验证、再评价,努力形成完整的、科学的理论与实践操作体系。

质疑能力只是学生核心素养中的众多要素之一,如何将质疑能力的培养与学生创新思维、创新能力的培养相融合,这是课题组将要继续研究的问题。

本文为江苏省实验教学课题“在小学科学实验探究活动中培养学生质疑能力的研究”的结题报告(略有改动)

7. 思维，不止于思维

——基于儿童哲学理论的思考与实践

儿童哲学是有关儿童对于自身思考的一门科学，最初是由美国的马修·李普曼创立，英国的卡琳·莫里斯等专家予以完善。该理论指出：哲学可以帮助儿童学会为自己的行为和观点负责，教给他们有用的技巧，就能够帮助他们像哲学家一样成长和进步，因为理解了自己在做什么，以及为什么要这样做，他们才会有追求成功的动力。实践表明，将儿童哲学的理论应用于小学科学课的教学，不仅能够比较有效地提升其思维能力，而且有助于学生良好的科学学习习惯的养成。

一、规则意识：学习活动的重要基础

一次成功的探究活动需要全体学生的共同努力。学生需要清楚地理解，这些规则将确保团体成员在探究过程中并肩合作时能够互相尊重、自我奉献、遵守承诺。教学中，教给学生有用的技巧和规则，能够帮助他们更好地理解自己的思考过程并进行自我教育和反思内化。科学课的学习活动中，主要的规则有倾听的规则、发言的规则及技巧等。

学生只有学会倾听，才会在倾听中学会思考，思考才会产生疑问，而疑问是探究的重要动力。例如，教学“声音是怎样产生的”一课时，有学生提出声音是由敲打发出来的，也有学生认为声音是由弹奏或拨动产生的，其他学生在倾听后就会提出“用手按住鼓面，敲打也不会发出声音，用手按住吉他的弦，弹奏也不会发出声音”等有价值的问题，把讨论引向深入，指向“声音是由物体振动产生的”的探究活动。

让学生学会发言的规则和技巧。在科学探究活动中，学生需要通过发言来阐明自己的观点，如何发言，谁先谁后，是按照一定的顺序轮流发言，还是以抢答的形式发言，或是以小组为单位的主题式补充发言，教师可以在征求学生意见的基础上达成共识。总之，要让学生养成发言的规则意识，而不是每一课都是以自我为中心。

学生的发言，或来自反思别人的想法，或是对探究某个问题的证据呈现，让学生学会尽可能清晰地表达自己的观点是教师的一项重要任务。因此，教师有必要指导学生学会如何科学合理地表达想法。例如，可以让学生按照一定的顺序表达，先表明自己的观点，然后再列举证据。对于中低年级的学生而言，教师可以让他们按照特定的句式来说，如：我认为……我的证据是……教学三年级“观察鱼”一课时，学生说：“我认为鱼是利用鳃呼吸的，我的证据是我发现在水中滴入红墨水，鱼鳃中就会有红墨水流出。”学生在质疑别人的结论时也可以按照这样的句式：我不同意×××的观点，我的证据是……在教学“磁铁”一课时，有的学生认为磁铁隔着一些物品也能够吸铁，有一名学生就说：“我不同意×××的观点，因为我隔着一本厚书，磁铁不能够把回形针吸起来。”通过这样的训练，能够有效提高学生的思维能力。

二、问题意识：思维发展的有效途径

问题意识就是指学生在学习活动中遇到问题时所产生的一种主动质疑、积极探究的心理状态。强烈的问题意识是思维的动力，它能驱使人们去发现问题、提出问题，进而思考解决问题的方法，这是科学探究过程中必不可少的重要环节，是开启任何一门科学的钥匙。儿童天生具有探究的愿望，渴望理解这个世界以及我们身边发生的事情，了解它们如何发生以及为何发生。因此，他们会提出许多的问题。在提出的问题中，有些问题有毋庸置疑的答案，也就是封闭式问题，如：你吃过了吗？这类问题并不是错误的问题，而是无法引发更多的思考，所以我们更需要培养学生多提开放性的、真实性的、更具有哲学意义的问题，这些问题能够提升儿童对概念的进一步认识，发展学生的思维，将探究引向深入。以下是两位教师在进行“认识声音”一课的教学中，学生提出的问题：

（1）大音叉和小音叉敲击的声音相同吗？

（2）大音叉和小音叉敲击的声音有什么不同？

不难看出，第一个问题学生只要简单地回答“相同”或“不相同”就可以了，而第二个问题需要学生回答的不仅是“相同”或“不相同”，而是有什么不同，因此对学生的要求也就不一样了。很明显，第二个问题需要学生更仔细地观察实验现象，并根据实验现象进行更深入的思考。这样的问题才更有价值。

学生能否提出有意义的问题，与教师的引导有很大关系。教师要把握学生问题产生的最好时机，如引导学生对生活现象进行观察和提问。在教学六年级“环境”单元时，教师指导学生考察穿城而过的运河水，学生发现水中有垃圾，部分水域变浑浊了，从而产生问题：运河水被污染了吗？污染的原因是什么？能够采取哪些措施应对？由现象产生问题，能够积极调动学生探究的兴趣。这一探究过程中，学生关注的不仅仅是水的污染问题，还会上升到对环境的思考、对健康的认识等，这样的认识才是基于儿童哲学的认识，才更有思考和探究的价值。

三、评价意识：客观审视自我与他人

在日常的科学课堂教学中，经常出现注重实践而缺少评价的现象。《小学科学课程标准》强调评价是课程实施的重要环节，科学课程的评价应能促进科学素养的形成与发展。科学课的评价既包括过程的测评也包括终结性的测评，既有教师的评价也有学生自评及互评。传统的教学中，我们更多地关注终结性评价和教师对学生的评价，这给我们的教育也造成了许多误区，如只关注期末考核，只重视教师的评价，教学活动中，处处以自我为中心，表现意识强，而忽略了团队、集体。评价不仅要关注学生的探究结果，更重要的是关注他们的探究活动过程，只有注重了对探究过程的评价，才能有一个好的结果。因此，教学中更应关注过程性的评价和学生的互评。

过程性的评价是在学生学习科学的过程中进行的，包括课前、课中、课后针对学生的学情及学习表现所进行的评价活动。这样的评价，可以让教师对教材进行加工处理或对教学内容方法策略等进行修改，努力使教学效果最优化。最重要的是，这样的评价能够让学生进一步明晰和矫正学习目标，将目标与出发点进行对比，明确学习方向，这是学生进行自我行为反思的重要途径，也是学生的成长所必需的。

学生的自评和互评是指以学生为主体的针对学习过程的反思。对于学习活动而言，要想客观合理地进行自评和互评，学生必须清楚地了解学习的目标和任务的达成度有多少，如何更好地完成目标和任务。因此，学生的自评和互评能力是衡量学生思维发展的一项重要指标。学生的自评和互评内容包括对自己的行为、认识的反思，对他人在小组或团队合作中的表现，如对是否积极主动和他人协作、学习方法是否更合理等进行客观公正的评价。这样的评价，更利于学生学会客观审视自我、关注他人，更有利于学生健康人格的养成。

学生的自评和互评能力的养成，需要教师的精心指导。教师要培养学生积极、主动的探究精神，使学生主动地参与各项探究活动，提高探究能力。例如，教师要经常和学生一起讨论评价的标准，引导学生不要将评价简单地定位为“好”或者“差”，要采用描述性的语言进行评价，让自己和同伴知道自己具体存在哪方面的问题，客观对待得失，从而找到努力的方向，共同进步。

培养和发展学生的学习能力、思维能力，是小学科学教学的一项重要任务，但不是唯一的目标，教会学生学会反思、客观审视和评价自己和他人的言行，并对自己和团队负责，提升科学素养，为学生的继续学习和发展打好基础才是我们的教学目的。

8. 思维可视化

——提升学生科学思维能力的实践探索

《小学科学课程标准》明确提出，学生学习能力、思维能力的培养是学生科学素养的重要指标，具体包括：能够识别各种科学问题、各种技术问题，能够调动思维进行理性思考、参与讨论和辩论等。而在一系列的科学探究活动中，如何能够比较准确地了解学生的思维方法、思维过程及思维途径，以便有针对性地教学，是教师必须要思考的问题。实践表明，将思维以图示的形式展现出来是一种非常有效的方法，因为被可视化的“思维”更有利于概念的理解和记忆。概念图、气泡图、模型图、流程图、学科思维导图等是思维可视化的重要表现形式，其中学科思维导图被越来越多的科学教师应用于课堂教学。这一概念是由华东师范大学刘濯源教授提出的，是指运用一系列图示技术把本来不可视的思维呈现出来，使其清晰可见的过程。学科思维导图侧重于在可视化的过程中强调对思考方法及思考路径的梳理及呈现。理性思考是学生学习能力和思维能力最重要的表征，如何通过可视化的表达方式促进学生的理性思考，有效提高其科学素养，是一个非常值得研究的问题。

一、教学初始：巧用概念图，了解学生前概念

心理学家维果茨基将科学前概念称为“自发概念”，是指学生在学习科学之前由长期的日常经验形成的对事物、现象的看法和观念。一个自发概念的发展必须使儿童达到某种水平，以便吸收相关的科学概念。在科学学习过程中，学生的自发概念大多是肤浅的，还有很多是与科学概念相悖的，对学生正确科学概念的形成有障碍。而概念图以认知心理学的有意义学习理论为理论依据，强调学习是新旧知识的连接，因此，概念图可以帮助教师了解学生的前概念，以便有针对性地改变教学内容和教学策略，使教学有的放矢。所谓概念图，是指在教学中通过连接词并以图解的形式将两个以上概念的关系表述出来的图示。小学科学中常用的概念图有维恩图、气泡图、网状图等，它们的共同特点是记录与中心词有关的观点和内容，以及中心词与相关内容之间的关系。这样做的目的，一方面是了解学生已有的学习基础；另一方面有助于建立已有知识和新知识之间的联系。

“认识影响物体沉浮的因素”是教科版五年级下册“沉浮”单元的教学内

容,对于小学生来说,有一定的难度。课前,教师通过投影出示苹果、铁块、橡胶块、胡萝卜、大头针、橡皮泥、木块等图片,让学生标示出各种物体在水中的沉浮情况。很多学生认为这很简单,他们迅速就做出了判断。在"理由"一栏,很多学生认为小的物体就会上浮,大的物体就会下沉。也有的学生认为重的物体就会下沉,轻的物体就会上浮,至于轻重他们只是凭着感觉去判断。根据学生的表现,教师分析得出学生对于沉浮的认识主要体现在以下两方面,即:物体沉浮与大小有关,物体沉浮与轻重有关。知道了学生学习的难点,基于学生已有的认知水平,教师对教材内容合理地进行整合,通过引导学生探究相同重量但不同形状的橡皮泥在水中的沉浮,让学生认识到同种物体的沉浮与形状(体积)有关,与重量无关;通过探究不同物体在水中的沉浮,认识不同材料构成的物体的沉浮与自身的重量和体积都有关,如果体积相同,重的物体容易沉,如果重量相同,体积小的物体容易沉。

教学教科版三年级上册"水"单元的第1课时,让学生以网状图的形式画一画所认识的水,学生可能会从自己所了解的水的特点入手,也可能会展示水的作用,还有的会从水的来源方面考虑。这个活动过程本身不是考核学生对于水的认识,更重要的意义是学生在以网状图形式交流的过程中,那些或肯定或否定的看法,或者为证明自己观点所做的辩护等,在本单元的持续性的探究活动中,学生会不断修正自己关于水的观点和看法。

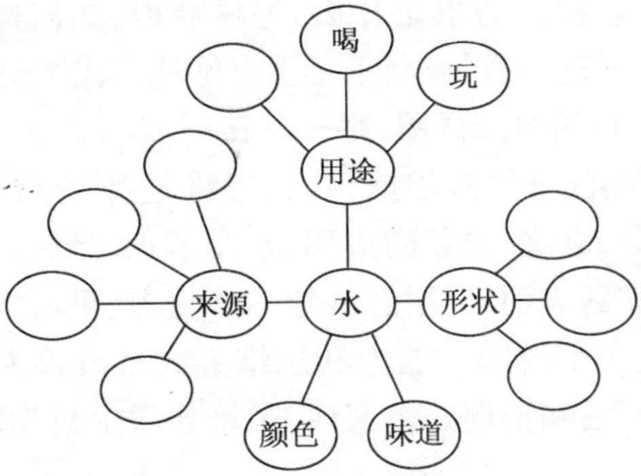

二、探究过程:巧用流程图,明晰探究思路

新课标要求培养学生动脑动手学科学、动手之前先动脑的习惯。特别是科学探究性实验,制定完整严密的实验计划是完成活动的关键。这一过程中,如果能够指导学生运用流程图展示小组即将进行的探究思路,不仅一目了然,还有助于教师了解学生的真实想法。当然流程图的制作对于学生来说有一定难度,需要教师认真加以指导。以下几种情况下合理使用流程图,可以有效提高教学效果。

1. 技能性的操作训练。

例如,显微镜的使用,临时玻片标本的制作,以及酒精灯的使用等,操作的程序性较强,必须要按照一定的顺序进行,在活动之前,师生合作,制作详细的流程图,明晰操作的先后顺序、注意要点等,有助于培养学生规范操作的习惯,促进专业技能的提升。

2. 教学内容相对简单。

有些教学内容,操作起来较为简单,可以将教学目标定位为“学生思维能力的训练”。例如,教学“液体的热胀冷缩”,实验本身很简单,实验材料就是带有玻璃管的橡胶塞和平底烧瓶及冷热水等,教师如果出示了实验操作方法,提出实验要求,基本上所有学生都可以在短时间内完成。这种背景下,学生感兴趣的可能只是表面现象,不能够深入思考表象背后所隐藏的本质。而如果教师只是提供给学生一些器材的图片,让学生讨论如何设计实验、如何进行操作,并以流程图的形式展示实验方案,这样学生就会关注更多的细节,面对实验现象会有更多的思考,更利于目标的达成。

3. 较为抽象性的教学内容。

例如,“地球”单元的教学内容,特别是昼夜的交替、四季的形成、极昼极夜现象等,这些现象与我们的生活联系虽然比较密切,但是对于小学生来说毕竟还是很抽象的,教学中采用较多的方法就是模拟实验法。在模拟探究活动前,引导学生说一说模拟对象是什么、怎样模拟、如何操作,画一画流程图等,让学生有一个思考的过程,有利于学生更好地完成实验。

三、巩固拓展:巧用思维导图,举一反三

思维导图以神经心理学为依据,认为思维是神经元及神经元之间的连接,多注重颜色、线条、联想、想象的应用,常用节点、分枝、颜色、图标、代码等进行描述。多年的实践表明,利用思维导图来复习、巩固和评价,能够有效提高教学效果,能改进学生的学习能力和思维方式及改善人的行为表现,训练学生分析问题的全面性和推理的严密性,是培养学生科学思维发展最行之有效的途径。

1. 复习巩固。

复习巩固环节是学生再一次对知识建构的过程,如果用思维导图来复习,更有利于学生对知识整体结构的把握。同时学生在绘制思维导图的过程中要考虑各个概念之间的上下位关系,以及如何组合排列这些关系,这更有利于学生对知识深层次地理解。思维导图还可以作为一种元认知策略,提高学生的自学能力、思维能力和自我反思能力,同时更有利于学生核心大概念的形成,最终形成并丰富学生的认知,发展学生的思维。学生在画思维导图的过程中体会、观察知识间的关系,对自己所学过的概念加以组织及整理,使自己的知识结构更加完整，甚至发现自己从来没有注意和意识到的各个知识间的关系，从而产生一些具有创新性的理解。在教学教科版六年级下册“物质”单元后，以思维导图的形式指导学生复习，每位学生先以个体的形式，再以组内集体的形式进行交流绘制思维导图，然后选出组内最好的思维导图在全班进行交流。在反复交流的过程中，学生掌握的不仅仅是本单元的知识结构，还触类旁通涉及其他知识，更重要的是培养了一种思维的方法和习惯。

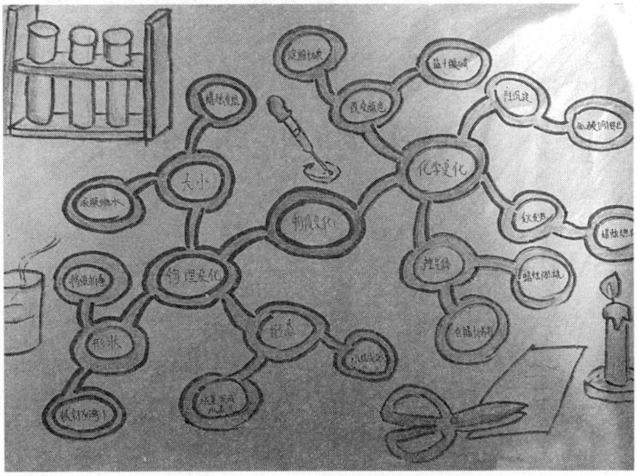

“物质变化”思维导图（学生记录）

2．课后拓展。

小学科学最大的特点就是需要较多的探究活动空间和时间，很多活动仅凭课堂40分钟的时间是无法完成的，因此应鼓励学生课外探究。为了保证课外探究的深度和效果，先指导学生利用思维导图明晰活动目标、要求及实施过程，做到“心中有数”，这样能够更好地提高课外探究的效果。例如，教科版六年级上册“形状和结构”单元，有造一座桥的拓展活动，如果只是简单地布置学生课后去造一座桥，很可能就会流于形式，因为学生不明白用什么材料造、怎么造、要求是什么，又怎么会感兴趣呢？因此，可以在课堂上指导学生以思维导图的形式，明确造桥的材料、桥的形状、桥的跨度及承重要求，有了“蓝图”指引，学生在课后操作起来才会得心应手。

3．教学评价。

传统的评价往往是以练习题或作业题的形式展开，常常只能考查学生的基础知识，因此评价往往具有很大的局限性。利用思维导图，还可以考查学生的知识结构及对已掌握的知识间相互关系的理解，有效反映出学生的思维水平。而且利用思维导图反馈信息，学生能够看清自己有没有把关键的概念或概念之间的关系遗漏，以此来检查自己对大概念的掌握情况，这样就会激励学生去努力弥补不足,养成良好的学习习惯。同时,还能够实现知识之间的迁移,在新知识和旧知识之间搭建桥梁。

评价阶段的思维导图还可以帮助教师及时了解学生学习的进展,诊断学生的问题,从而改变教学策略,为下一步的教学提供基础。

总之,随着教学与学习变革的逐步深入,概念图和思维导图在教育教学中的应用将越来越广泛。这些多种多样的可视化思维呈现方式,将使小学科学教学内容日趋多样化、生活化,给学生充分的思维探究空间。

9. 例谈小学科学教学中思维能力的培养

思维是人脑反映事物的一般特性和事物之间的规律性的联系，以及以已有知识为中介进行推断和解决问题的过程。良好的思维习惯能促进学生的有效学习，协助他们科学、高效地解决生活中的问题，因此发展思维对一个人的成长极为重要。小学科学课是一门综合性学科，在学生思维能力的培养方面起着重要作用。我们常说“动手之前先动脑”，就是强调思维训练的重要性。但是，在目前的小学科学课堂上，我们仍能够看到许多不尽如人意的地方，如忽视对学生思维的训练，直接教给学生实验的方法，更有甚者直接告诉学生结论，探究性的实验变成了单纯的验证性实验，这样的教学使学生学得没劲，思维训练度也大打折扣。

前段时间，笔者有幸作为评委参加了一个县级的科学教师基本功大赛，其中一项比赛内容为微型课堂教学比赛，具体规则是：现场公布上课内容“热是怎样传递的”，给每位选手 3 个小时的独立备课、制作课件时间，紧接着进行 25 分钟的微型课教学比赛。“热是怎样传递的”是教科版五年级下册“热”单元的第 5 课教学内容。应该说，只要教师认真备课，把握好本节课教学的重、难点，这节课应该比较好上。可是在赛课的过程中却出现了很多问题，其中最为显著的一个问题就是教师在教学过程中缺少对学生思维的训练，9 位参赛选手中，有 5 位教师担心 25 分钟完不成教学任务，于是把课堂变成了仅仅是学生机械操作的实验场。即授课教师提供给学生现成的材料（铜球热胀冷缩演示器），然后多媒体出示实验方法，学生照着实验步骤一步步去做，没有一点障碍，没有任何悬念。这样的课堂虽然进行得很顺利，也得出了“固体具有热胀冷缩的性质”这一科学结论，可是没有什么实际意义，因为在这个过程中，学生虽然动手了，但是没有动口、动脑，学生的思维没有得到很好的训练。

最后一位参赛选手的做法令评委和现场听课的老师眼前一亮，虽然参赛教师给每组学生准备的实验器材和其他赛课老师一样，也是铜球热胀冷缩演示器一套，但是教师在课堂导入之后，并没有把实验器材完全展示给学生，只是拿出带把手的铜球。

师：怎样才能证明这个铜球受热会膨胀、受冷会收缩呢？

生1：先用尺子量一量这个铜球有多大，然后放在酒精灯上加热，再量一量，看有没有变大。

生2：用尺子不好量，因为铜球是圆的，可以用细绳或者细线量铜球的周长，然后再放在酒精灯上加热。可是加热后不好量，太烫了！

生3：做一个圈，让铜球刚好套进去，再把铜球放在酒精灯上烧，看一看还能不能套进圈里。

……

学生们七嘴八舌地议论，在议论的过程中，他们都认识到要通过比较铜球受热之前和受热之后的体积来认识其是否具有热胀冷缩的性质。在学生的思维深入到一定程度的时候，教师拿出了配套的铜环，问学生：这个工具可不可以帮助我们解决这个问题呢？

从这位老师的教学中，我们不难发现，他关注学生的科学探究，关注在教学中对学生逻辑思维能力提升的训练，这也是科学课程标准中“科学以科学探究为教学目标”的重要体现，因为学生良好的科学学习方法、逻辑思维习惯及观察能力是科学素养的重要方面。那么，我们在科学课的教学中应该如何更好地培养学生的思维能力呢？

一、为学生的思维训练创设合适的情境

小学生好胜心强，有表达和表现的欲望，教师在教学中应该充分抓住这一点，创设合适的情境，让他们去思考、交流和讨论。情境的创设最好能够贴近学生的生活，让学生想说、敢说、有话可说。例如，教学“空气占据空间吗”一课，可以让学生交流生活中是怎样喝牛奶、饮料的。在学生汇报的基础上抛出问题：只要使用吸管就一定可以喝到饮料吗？把学生的思维引向深入，接着再引导学生思考：怎样能够更轻松地喝到饮料？在递进式的问题引导下，学生的思维在碰撞中提升，在思考的基础上，再让学生利用实验器材进行探究，学生很容易认识到喝饮料的问题就是空气占据空间的问题。

二、把握学生思维的主方向

教学中经常遇到这样的问题，学生回答问题或交流讨论，和教师的教学预设有差距，或者是学生课堂上讨论的话题偏离了本节课的教学内容，遇到这种情况怎么办？新课程理念要求教师关注课堂生成，努力创造民主的课堂，那么遇到以上的情况，是不是为了所谓的“民主”就顺着学生的发散思维去教学呢？我认为不应该这样，教师应该根据课堂上的实际情况，引导学生回归到主题教学上来，因为小学生的年龄小，他们分辨能力较弱，也没有明确的“任务”观念，需要依靠教师的引导。我曾经教学过“食物包装上的信息”一课，当我让学生说一说自己所知道的食物包装上有哪些信息时，学生七嘴八舌，说着说着，竟然聚焦到哪一品牌、哪一种口味的薯片最好吃，哪一种泡面包装袋里面有兑奖券等话题上来，如果顺着学生的思维往下走，本节课的教学任务就完不成了，而且这样的话题也没有什么研究价值。因此，我还是适时打断了学生的思维，让学生回归主题。当然，如果课堂上的一些意外不妨碍或有助于教学目标的达成，我们不妨随着学生的思维走，但前提条件是该收的时候还是要收，教师的“思维之舵”要掌握好。

三、实验材料的结构性促学生思维提升

有结构的探究材料能够造就一节好课，材料对探究问题的指引、学生思维能力的提升起着决定性的作用。在教学设计中，教师就要选择典型的、有利于学生探究的实验材料。例如，在教学“摆的秘密”一课时，教师为全班同学提供的摆各不相同，有的摆线长，摆锤重；有的摆线短，摆锤轻；有的摆线短，摆锤重。同时，所有摆的摆线长短可调节，摆锤的轻重可调节。教师让全体学生一起在规定的时间数各组摆摆的次数，结果每个小组的摆摆的次数都不一样，这样学生就产生了解决问题的欲望。又由于每个摆的摆线、摆锤是可调的，学生经过观察、比较，就会发现各组摆摆的次数不一样的原因，进行设想，进而设计实验验证自己的设想。在以上的教学过程中，学生就经历了一个发现问题、做出假设、验证假设、分析结论的科学活动过程，在这个过程中紧紧伴随的就是学生思维能力的提升。

四、评价方式多样性促学生思维提升

每个孩子都有自己的个性特点，表现在学习中，就是每个人都有自己独特的学习方式。例如，在完成实验报告时，有的学生喜欢用单一的文字记录，有的学生喜欢通过画图来表达，还有一部分学生擅长用思维导图来进行总结。笔者曾经遇到一名五年级的学生，科学课上，他听得很认真，也喜欢动手，但是实验报告从来不写。我向他以前的科学老师了解到，从三年级开始，这个孩子一直就这样。后来在交谈中发现，他是由于不会写字，才不完成实验报告的。鉴于他喜欢画画，我就让他用画的形式完成研究报告，结果他做得特别好，图文并茂，令我震惊。因此，教师不能够武断地评说哪一种方式的优劣，只要合适的就是最好的。在教学中，教师就是要鼓励学生用自己最喜欢的方式表达学习成果，只有这样，学生才会有兴趣去做、才能够做好。在多样化的总结、表达过程中，学生的逻辑思维、创新思维能得到有效提升。

五、开放的空间和时间助学生思维提升

由于受40分钟课堂教学时间的限制，我们的老师在课堂上害怕“放”学生，担心一“放”，学生就收不回来了，影响教学进度，影响教学目标的达成，似乎每个环节都把学生“攥”得紧紧的，这一点在公开课上表现得尤为明显。例如，在实验教学中，教师为了体现所谓的小组合作，经常让小组内的同学展开讨论，而这样的讨论有时候仅仅只是一两分钟就被匆匆叫停了，试问：一两分钟学生能够讨论出什么结果来？也许只是小组内的一两名优秀的学生说说而已，其他学生甚至连张口的机会都没有。因此，对于课堂中的讨论，我们要让学生真讨论、真交流，教师应该给学生深入思考的时间和空间，让学生在做中思考，然后在思考的基础上再做，这样一个过程能使学生的思维得到螺旋式提升。即使因为某个环节有价值的讨论影响了教学的进程，那也无妨，我们不是常说科学探究就要“一英尺宽、一英里深”吗？只要学生收获了，我们的目标也就达到了！落实到具体的教学中，教师可以进一步关注细节，做个有心人。例如，学期初分小组时，要根据学生的特点分组，努力让每位学生在合作中都有思考和发言的机会；还可以多为学生留一些拓展性的课外作业，让学生把科学课的学习由课内延伸到课外，由学校延伸到家庭、延伸到社会，让学生在课后思考与实践的过程中提高逻辑思维能力。

10. 例谈探究活动课上如何聚焦学生的核心疑问

在新课程标准中明确了小学科学教育要以探究为核心,然而实际探究活动中学生极易产生这样那样的疑问,不能真正走进探究活动中来。对于教师来说,要在课堂实施某项教育改革,只靠理念是不够的,还需要掌握具体的教学策略。那么究竟怎样做才能落实课程标准中关于探究的目标呢?

在设计教科版五年级上册“我们的小缆车”一课时,我一开始从车的发展历史引入,在探究实验之前的安装一个小缆车环节中先后设置了这些问题:(1)你知道有哪些不同类型的车吗?(2)它们靠什么运动?(3)你能用所给材料组装会自己运动的小缆车吗?(4)细绳拴在小车上的位置与小车的运动方向有关系吗?(5)拉小车的绳子多长比较合适?(6)怎样不让小车掉下来?(7)细绳的长短与小车在桌面上运动的距离有关吗?(8)在装置中,铁垫圈起到什么作用?并在解决第(8)个问题时引入了重力的概念。我按照这个流程第一次试教时发现安装小缆车环节结束时离下课只有12分钟了,而本课的中心环节——探究拉力大小与小车运动的关系,至少需要25分钟。经过思考,我决定把安装小缆车这一环节安排在课前作为课外活动作业:按照教材70页中图的样子安装一个自己的小缆车并思考下列问题[问题(3)~(8)]。课堂上直接对课前活动进行总结,然后出示问题(9):推测多大的拉力能使小车刚好动起来?大小不同的拉力对小车的运动会产生什么影响?在8分钟之内就引入了探究活动。由于时间充裕、重点明确,探究活动开展得很成功。认识车的发展历史及重力的相关知识则移到了结尾处,作为课堂的拓展和延伸。

这些问题是教师引导学生探究时要学生思考的问题,但是一问一答式的教学经常使学生陷入被动的学习状态中。只有学生自主发现问题、产生疑问,才说明学生真正在探究。那么如何做到呢?

一、确定探究问题

学生产生的问题具有很大的发散性,教师要注意引导,进行合理取舍。一般一节探究课应主要围绕一个核心问题开展探究,这个核心问题是探究活动的主线。核心问题确定以后,其周边问题要认真罗列、组织。要想成功地开展探究活动,既不能出现疏漏(漏掉了探究过程中需要解决的问题)使探究活动无法继续,也不能问题太多偏离核心使探究课有始无终。一方面,要把探究过程中可能出现的问题尽可能地都罗列出来;另一方面,要把问题进行分流,这些问题不一定都要在探究过程中解决,有的可以放在课前铺垫中解决,有的可以放在课后拓展中解决,有的不能彻底解决的只能点到为止,有的问题可以作为探究的问题,有的问题可以通过引导加以解决。筛选出的问题还要进行组织,即进行详略、先后的安排,安排主要围绕核心问题的探究进行考虑,防止因瞻前顾后而忽视探究的主线。

二、巧设铺垫、延伸

探究活动需要学生具备一定的前期认识和情境铺垫,否则学生会感到唐突和勉强。比如,"我们的小缆"车这一课,许多女生都没有相关的体验。而有些铺垫不是五六分钟能解决的,像玩小缆车这种活动会使学生产生兴奋进而引起课堂骚乱,分散注意力,怎么办呢?其实不是所有的问题都一定要在课上解决,像这种必要而又耗时、分神的铺垫活动就非常适合在课前解决。那种认为一节优秀的课其所有教学内容都要在课堂上生成和展现的,是牵强附会和故意为难自己的想法,它会使课堂不堪重负,会在课堂上延误重点难点问题的教学。不管是课前的铺垫还是课后的延伸都是课堂的组成部分,都要对学生可能遇到的问题进行预设,要求要具体明确。像"我们的小缆车"这一课,既给出了装配图,又要求学生思考相关问题,这样的铺垫活动才能更好地服务于课上的探究活动。

三、扫清探究障碍

这里所说的障碍主要指影响学生开展探究的因素,包括两个方面:一方面是课前的准备工作是否具体周到,如材料是否满足实验的要求(可行、有备用),小组的分工是否明确,教具、多媒体是否能用等。虽然是一些小问题,但由于班级人数众多,如果课前处理不好就会影响探究活动的效果。另一方面是课上生成的问题(或话题),一般是学生产生的出乎教师意外的问题,这时教师不能回避,要适时适度(既要关注学生的发散思维,又要防止跑题,致使探究活动抛锚搁浅)地解决和鼓励。

11. 培养学生质疑能力再思考

科学探究课程的一般过程是：通过观察发现问题→进行探究→整理分析→得出探究结论。整个过程以学生为主体，充分发挥学生的动手能力和创新思维，并且在实验中增加学生的动手能力和观察能力，也提高了他们科学探究的能力，让他们逐步形成尊重事实、善于质疑的科学态度。由此可见，提出问题是科学研究的起始。如何提出有效的科学问题呢？这就需要我们在教学过程中培养学生的质疑能力，激发他们的好奇心。下面结合教学中的实例，再次谈一谈如何培养学生的质疑能力。

一、培养学生的质疑欲望

学生在科学学习中遇到疑惑是一件很平常的事，可是我们的教育常常使学生有疑而不敢质疑，学生的质疑精神被长期压制，或认为有疑问就是学习不认真，这些做法都是不对的。学生质疑是积极思考的表现，是创新精神的萌芽，应当积极保护。

以下是教科版四年级“声音的产生——发声的物体在振动吗”的教学片段。

师：发声的橡皮筋、钢尺在振动，敲击的音叉也在振动，你们同意吗？说一说你们的看法？

（教师提问的时候把疑问句“敲击的音叉振动吗？”改成反问句，征求学生意见，这样的提问能激起学生的兴趣，提高他们的质疑能力）

生：……

师：你有什么方法能证明呢？

生1：用手摸，会有麻麻的感觉。

生2：……

师：还有什么方法能更加直观地看到音叉的振动呢？

生：……

（教师在做验证音叉振动的实验时，不要操之过急、早早地把方法告诉学生，一定要循序渐进，让他们通过自己的思考想出合理的方法）

二、营造质疑的时机

教师在教学的时候，如果一味地按照教材的编写模式进行教学，不利于因材施教。例如，教科版五年级上册“光和影”，教材是通过两个活动，让学生通过实验发现影子的大小、方向、长短会变化，再思考影子的变化有什么规律。很多教师也都是按照课本上面的模式进行教学的，我觉得这种模式可以改一改：先通过演示实验让学生发现影子的变化特点，反过来通过质疑影子为什么会产生这样的变化（大小、方向、长短）提出影子大小、方向、长短变化与什么因素有关（或怎么样做影子大小、方向等会发生变化）。

教学片段：

影子的变化特点——长短和方向、大小变化。

1. 师：今天老师设计了几组关于影子的小实验，想不想看？想看，你们得听好老师的要求。

PPT 出示要求及观察内容：仔细观察影子有什么变化。

2. 教师演示影子的变化特点的两个小实验，并及时让学生说出看到的影子变化特点。

（如果学生对于影子方向的描述不准确，可以引导学生用“左右”来描述，从而揭示影子方向变化的规律。这里演示的关键是，老师演示的时候要把手电筒、物体的相对位置变化隐藏在箱子里面完成，只让学生在看的基础上进行想象，因此，教具的制作和演示很重要）

3. 学生汇报影子的变化特点。

4. 引导学生分析影子变化的原因。

师：你们刚才看见老师是怎么做这个实验的吗？

生：没有。

师：那你们能不能根据生活中的经验来猜一猜，老师是怎么设计这两个小实验的呢？

生：……

师：你能来比划一下吗？

（两个演示实验问题同时抛出，在此教学环节上有一定的难度，需要教师耐心地指导学生猜测的时候更加细化）

师：怎么来验证大家的猜想呢？你们还需要用老师这个箱子吗？你们需要哪些器材呢？

（有一部分学生觉得还需要教师的教具，教师要解释一下，箱子的作用只是想把动作隐藏起来，学生的验证实验不需要那样做，可以放在实验桌上）

5. 各小组领取实验器材进行分组实验。

6. 学生汇报。

总之,培养学生质疑能力的方法很多,关键在于教师要更新教学观念。伟大的物理学家爱因斯坦曾说过:提出一个问题比解决一个问题更重要。解决问题也许仅是一个实验上的技能而已,而提出新的问题却需要有创造性的想象力,这标志着科学的真正进步。在学习科学的过程中,学生质疑能力提升,不断提出一个又一个科学问题,自主攀登科学的"高峰"。

第二章 资源整合与有效利用

1. 依托课程的地方资源，提高小学科学教学实效性的实践与思考

在西方,很多发达国家一直把自然科学教育放在重要的位置,更重视在教学中培养学生的科学实践能力,落实“学有所用”的教育理念。在我国,很多学校把科学当成可有可无的学科,不能发挥它应有的作用。课堂上,教师讲授居多,学生实验、实践机会少,教学与社会脱节。《中国教育改革和发展纲要》指出: 进一步转变教育思想,改革教学内容和教学方法,克服学校教育不同程度存在的脱离经济建设和社会发展需要的现象。这也为小学科学教学指明了方向,那就是依托地方资源优势,提高小学科学教学的实效性。

实践探索:

一、因地制宜,挖掘可利用的自然资源

结合地域的实际特点选择合适的资源是提高小学科学教学有效性的重要途径。在研究中,我们通过问卷调查、走访等形式,了解本地区自然资源优势,以便更好地为科学课的教学服务。课题组根据地方和学校自然资源的开发利用现状以及学生的需求情况编制了两份调查问卷,分别是小学科学课教学现状调查、自然资源及环保情况调查,调查对象为随机抽取的我校五、六年级共 50 名学生。从调查的情况来看,学生喜欢上科学课,对科学有着浓厚的兴趣;喜欢自己动手做实验,不喜欢老师包办代替、机械讲解;学校实验器材虽然比较齐全,但由于专职老师较少,很多老师把更多的精力花费在语文、数学等学科上,对科学学科关注较少,不能够按照要求开足、开齐、上好科学课,严重影响了学生学习科学的积极性; 对于地方的自然资源,学生知道一些,但很少去关注,科学老师也很少引导学生去关注,自然资源的利用率不高。

二、发挥本土资源优势,把科学教学与课外实践有机结合起来

根据调查的结果,课题组从实验材料的选择入手,引导学生关注自然资源、利用自然资源。

1. 师生共同努力,从生活入手,寻找有结构的科学探究材料。

首先,把握探究材料的选择方向。探究材料的生活性是保证科学探究有效性的基础,材料的选择脱离学生的生活,一是会分散学生探究的注意力,二是不能引起学生探究的兴趣,三是会加大教师、学生准备探究材料的工作量。而从周围常见的材料入手易于引发学生思考,便于学生进行科学探究。并且这些材料经常出现在我们身边,却没有引起人们的注意和思考,从这些材料入手,同时也给学生一种启示:只要你认真地观察和思考,科学就在身边,就在我们熟悉的事物中。

其次,让学生积极参与科学探究材料的获取过程。以前,科学探究活动的材料大多是教师事先准备好的,学生只是"坐享其成",这样做的弊端显而易见,对此有教师就曾提出有的材料完全可以由学生自己准备。为此,在教学中,我尽量从学生熟悉的周围事物入手,指导学生参与探究材料的准备,使学生搜集材料的过程成为认识身边自然事物的过程,成为学生自我建构和自我完善的过程,最终达到培养他们科学素养的目的。需要说明的是,在课题研究的过程中,我对学生获取探究材料的定位不仅仅局限于有形的物体上,还包括对环境的考察、对资料的占有等多方面。

在研究过程中,我校科学组的教师能够结合每学期的教学内容提前做好统筹安排,布置学生利用寒暑假、节假日进行调查、访问,为科学课教学做准备。六年级"环境和我们"单元包括垃圾的污染和利用、考察家乡的自然水域、环境问题和我们的行动等系列内容,鉴于我校距离运河的直线距离不过200米,于是就以"运河"为主题,整合实践内容,发放告家长书,号召家长们在双休日带领孩子去认识运河,了解运河水的污染现状,让学生直观感受到人为的破坏带来的严重后果,并能够从实际行动做起,减少垃圾丢弃,还大地清洁。为了让学生了解昆虫的一生,学校还特别聘请了中国著名蝴蝶专家张松奎老师为学生做蝴蝶知识讲座,并手把手教学生制作蝴蝶标本,激发了学生的学习热情。

为了配合中年级的科学教学,让学生了解植物的生长变化过程,学科组在学校的角落开辟了种植园,由科学老师指导学生亲手种下种子(如鸡冠花、扁豆、番茄的种子),并连续用一个学期(春季学期)的时间来观察植物的一生,直观性强,教学效果好。

有些科学探究活动在课堂上很难完成,科学组的老师就积极寻求家长的支持,让学生把在学校中开展科学探究活动的内容、过程和方法,迁移到课堂外甚至是自己家里。例如,在教学"制作一个生态瓶"一课时,大部分学生家长都能够积极配合,帮助学生寻找水生植物,建立生态瓶,取得了良好的教学效果。

通过采取一系列措施，使科学课的教学内容和活动内容更丰富，科技性和趣味性相结合，扩大了学生的视野，增长了知识，培养了能力，提高了科学教学的效率，使科学教学能更好地发挥出实效性。

2. 充分利用身边材料自制教具，确保实验开出率和成功率。

由于当前教材改革的速度快，而且各地使用的教材版本不统一，科学实验室的仪器与教材不配套，不能够满足教学所需，这就需要广大科学教师做有心人，关注生活，关注身边的一草一木，挖掘资源，自制教具。科学组的教师在学期初根据教材内容列出本学期需要进行的实验，然后对照实验室已有的实验器材列出清单，对于没有的器材，教师就要和学生一起提前自制。我校的科学组现在已经积累了包括塑料瓶、岩石、贝壳等几个系列的自制教具，有效地提高了科学课的教学效果。

3. 充分利用自然环境，开展环境考察和课外研究活动。

我校地处城郊，距京杭大运河仅 200 米，学校东南方向有一个占地 100 多亩的大型生态公园，公园内有几百种植物；距学校 2000 米的工业园区，厂房林立，多个企业为国内知名的上市企业。这些得天独厚的地理优势都为我们带领学生到大自然中进行考察活动提供了良好的场所。因此，在实验过程中，教师要充分利用这些有利条件，带领学生到大自然这个“大课堂”去上课。科学课中凡是适合在当地自然环境中教学的内容，如水域的污染和保护、植物与环境、能源矿产、岩石、土壤等，尽可能让学生进行实地考察，直接与大自然接触，并注意把爱科学的思想教育和改变当地自然面貌结合起来，把自然课的教学和课外研究活动结合起来。

三、结合当地实际情况，增补有利于学生了解家乡、提高教学效率的教学内容

1. 进一步认识家乡的自然资源。

在教学五年级“地球”单元时，教师通过展示宿迁的地形图，让学生认识家乡的地形地貌，以及对独特地域地貌的利用，如骆马湖的养殖业、顺河镇的米线加工业、石英砂的加工业等，形成系列的活动探究主题。

2. 关注家乡人民对自然界的利用和改造。

环保领域的教学内容在小学三至六年级的科学教材中所占的比例较大。如何教学好这部分内容？单调枯燥的说教不会取得好的教学效果，为此，我们让学生通过直观的观察或亲自参与，让他们从内心真正感受到环保的重要性，并身体力行。例如，面对每年夏天农民大量焚烧麦秆麦秸的现象，我们组织学生进行走访调查，让学生充分认识到这种行为对空气造成污染的严重后果，然后再组织学生参观学校附近的节能发电厂。这是一家典型的利用麦秸麦秆等垃圾进行发电的工厂，聆听了工作人员的讲解，学生认识到利用麦秸麦秆发电不但节约了能源，还避免了环境污染，并且能给农民增收。很多学生回家就做爸爸妈妈的思想工作，还有的学生当上了小宣传员，在上学和放学的路上发放宣传单，取得了一定的成效。

3. 开展科技活动，提高科学教学的实效性。

科技活动是科学课教学必要的补充，对于学生观察能力的培养、判断分析能力和发明创造能力的提高有着重要的作用。我校除了正常组织好科技兴趣小组活动外，每年还坚持举办一次大型的科技节活动，架起科学课堂教学和课外科技活动之间的桥梁，增强了学生对科学的兴趣。

研究成果：

一、探索出一条符合当前科学教学现状、提高科学教学效率的有效途径

本课题的研究紧密结合新课程改革背景下小学科学学科，特别是农村科学教学的实际情况，挖掘自然资源，发挥本地优势，把科学教学与课外实践有机结合起来，把素质教育落到实处。增加了学生接触社会的机会和对家乡的资源、环境、经济的了解，增强了学生学习科学、研究科学的兴趣，提高了学生的观察和动手能力，还有效地激发了学生热爱农村、热爱劳动、立志建设家乡的思想感情，初步形成了依托地方资源优势，进行植物、动物、环保等单元的教学框架。

二、多措并举，促进了学生学习能力的提高和学习方式的转变

学生通过参与调查地方资源、环境保护、自制学具等活动，有效提高了收集信息和处理信息的能力、交流表达的能力、质疑创新的能力、动手实践的能力。特别是他们自主参与学习过程的兴趣浓了，自主学习意识明显增强。学生由原来的被动学习变成现在的主动学习，而且会学习、爱思考，分析问题的能力大大得到提高，成果很明显是来源于开放的课堂教学。学生的创新能力也加强了，课堂上他们不满足于“标准”答案，更注重创新，使教学过程更富时代性、新颖性、挑战性。学生学习和生活的联系得到了沟通，学习的兴趣得到了提高，学习的差异得到了尊重，学习的空间得到了拓展，学习的潜能得到了开发，良好的学习习惯得到了培养。更重要的是，学生的学习态度有了明显的转变，自主、合作、探究的学习方式正在逐步形成。

本文为宿迁市教育科学规划“十五”个人科研课题研究报告(节选)

2. 小学科学实验材料生活化的思考

实验探究活动是小学科学教学重要的实施途径,能够有效激发学生学科学、爱科学的兴趣,但是在实验探究活动中,还存在诸多问题,其中比较突出的是实验材料问题,具体表现在:

1. 实验器材不能够满足教学需要。

以我校实验室为例,大部分的器材都是2007年江苏省"四配套"工程配备的,由于使用频率较高,很多器材已破损,不能够满足实验教学的需要。在这种情况下,很多教师不愿意花费过多的时间来准备实验材料,就会把分组实验简化为演示实验,因为这样教师上起课来方便,便于控制学生,控制课堂,可是却剥夺了学生动手实验的权利。更有甚者,连演示实验也免去了,探究实验变成了教师单纯的讲解。

2. 实验材料与教材不配套。

实验室配备的器材一般是按照某一教材版本配套的,但现在很多地方的教材版本多样化。以江苏省为例,大部分地区使用的是苏教版,还有部分地区使用的是教科版。由于版本原因,致使很多实验器材不能够满足实验教学需要,导致部分实验被"省略"了。

3. 实验器材束之高阁。

按照相关规定,对实验器材进行严格管理是有必要的,但严格管理不等同于紧锁柜门。很多学校的实验器材,除了科学课堂上偶尔使用一下,其余时间都是"静躺"。一方面是学生对实验器材的极度渴望,另一方面是不允许学生到仪器室借用器材,导致仪器使用率极低。

如何丰富实验材料,提高小学科学实验课的教学质量?我认为可以从以下几方面做起:

一、利用自然资源上好探究活动课

狗尾草的花是什么颜色的?蚂蚁喜欢吃什么?蜗牛的嘴巴和排泄孔在哪里?这些简单问题恐怕没有几个学生能正确回答上来,甚至很多教师也不清楚。为什么?因为它们太小、太常见了,在学生眼里,狗尾草就是那个像狗尾巴一样的草,蚂蚁就是在地上爬的小动物,蜗牛就是一坨软软的肉上面背着壳,在他们的脑海里仅仅存在这么一点印象。为什么是这样?因为这是最直观的印象，教师没有指导孩子细致观察。在科学课的教学中，我们不要仅仅指望利用一些简单的生物标本上好“生物”单元的内容，而应该带领学生到大自然中上好科学课，引导学生对常见动、植物的整体和各部分进行细致的观察，使学生掌握观察的顺序和方法。通过观察，学生对某些动、植物有全面细致的了解，并学会用科学的方法记录观察到的情况（写或者画），长期坚持，可以养成良好的观察习惯，提高科学素养。

二、寻找生活中的实验材料

实验材料缺乏的问题可以通过向学校申请、师生自备的办法来解决。学期初，科学组的教师要仔细梳理，列出本学期需要的实验器材，对于生活中能够找到的，就让学生帮着准备一些。例如，教科版四年级下册有“岩石和矿物”单元，由于我校地处平原，岩石种类不多，我们就向学生发出号召，动员学生及家长外出旅游时多关注岩石，尽可能多带些有价值的岩石回来，捐献给学校。经过两三年的努力，科学教师已经将近二十种由学生提供的各种岩石做成了岩石标本，供学生研究用，有效提高了教学效果。再如，教科版六年级上册“形状和结构”单元中关于“搭建框架”的内容，可以让学生用家中的筷子作为小棒，既方便，又节省。

要求学生协助准备的材料，一定要给学生明确的要求，不能想当然或者泛泛要求，因为这样会造成材料的重复或不合格现象。可以以小组为单位，明确分工，保证材料有针对性。

另外，科学教师还要学会做“垃圾王”，练就一双火眼金睛，从垃圾中发现实验材料，如废旧电器、电线、电动玩具上的部件、饮料瓶等都是不可多得的实验课教学资源，科学教师和学生一起及时收集，细心分类，形成系列探究材料，摆放于仪器室供各年级教学用。

三、让玩具走进实验探究的课堂

经常发现一些对学习科学课有帮助的玩具，比如常见的放大镜、磁铁以及两端能够旋转和伸缩的潜望镜、电动小汽车等。针对这些玩具，科学教师应该做好引导，变“玩具”为“学具”。

1. 做学生购买玩具的“导购员”。

玩具种类繁多，很多孩子在购买玩具时往往只关注外表，喜欢颜色鲜艳、趣味性强、比较刺激的玩具，很少关注玩具中蕴含的科学知识。基于此，教师可以对学生有针对性地进行指导，建议学生购买那些蕴含科学性、益智型的玩具，如望远镜、魔方、积木、机械小汽车，以及一些组装拼搭的玩具材料等，这些玩具既可以激发学生探究的兴趣，还可以有效解决科学课堂上活动探究器材不足的问题。例如，在教学教科版五年级上册“用橡筋做动力”一课时，我就让学生用玩具机械小汽车来做实验，学生很有兴趣。在“神奇的小电动机”一课上，让学生以小组为单位拆卸废旧玩具中的小电动机，认识其工作原理，并进行相关的模拟实验，有效突破教学难点。

2. 引导学生学会“玩”。

低年级的学生好动性强，对玩具特别偏爱和痴迷，对事物充满好奇心，最爱问是什么、为什么，在他们眼中一切都是那么新鲜、有趣。这个时期也正是进行科学启蒙的绝佳时期，在学生玩玩具的过程中，教师要进行适当指导和点拨。例如，学生在已经通过自己摸索知道放大镜能够放大、聚光的基础上，经过教师的指导和点拨，还会惊奇地发现放大镜还能够成像。诸如此类的指导激发了学生探究的兴趣，积极寻找探究其中的奥妙和规律。按照教育部的文件，2017 年秋季开始，学校从一年级开始开设科学课，作为科学教师，更应该积极呵护低幼年级学生的好奇心。除此之外，还需要寻求家长的配合，培养他们玩的兴趣，教会他们学会科学地“玩”。

四、让实验室器材走进学生生活

科学实验室、仪器室在学生心目中是神秘的，仪器室中的部分实验器材对于大部分的学生来说更是可望而不可即的，很多学校把一些不经常使用的或比较贵重的仪器，如显微镜、三球仪等器材工整地摆放在橱窗中，除了科学课必须拿出来外，其他时间紧锁柜门，这些器材某种程度上成为陈列品和上级检查的展品。科学活动探究不仅仅在课堂上，更多的是在课外，因此，学校可以在征求学生意见的基础上，出台相关规定，在共同遵守规定的基础上，定期向学生开放仪器室，学生可以在课余时间像借阅图书一样，以个人或小组的形式到实验室借用器材，用来探究自己感兴趣的内容。而且，学校还可以根据学生的品行表现或在科技教育方面的成绩，以奖励的形式，允许学生将部分器材带回家和家人一起实验。通过开放仪器室制度，可以提高实验器材的使用效率，提高学生的实验技能，发展学生的观察、分析能力。

科学源于生活，学习科学是为了更好地生活。因此，作为科学老师，一定要做个有心人，关注生活，热爱生活，将生活中更多的材料运用于科学课堂，为学生的探究活动提供支撑。

3. 自制教学具，让科学课更精彩

小学科学课中的实验教学，虽然没有科学家所做的实验那样复杂和规范，其目的也正是让学生像科学家那样，用科学实验的方法，去探索、认识自然界中事物的性质和规律，从而能动地改造自然。实验是学生直接认识自然、了解自然事物发展变化基本规律的重要工具，作为科学教学的重要组成部分，正越来越受到人们的重视。要上好科学课，我们必须让教具和学具丰富起来。多元化的教具和学具，在进行实验教学中对得出科学的结论有着很大的决定性作用。自制教具作为课程资源的有效补充内容之一，可以使师生的实践能力得到锻炼，能有效培养学生的动手操作习惯、方法、能力，有助于培养学生的创新精神、创新意识和创新设计能力，是培养学生科学素养的有效载体。

一、自制教学具，培养学生动手实践能力

爱因斯坦说过：兴趣是最好的老师。学生们都有好奇心，都对自然界的奇观满怀好奇和敬畏，都爱用自己的眼睛去观察，这也往往是学生打开科学大门的钥匙。所以，教师要引导学生亲自感知，放手让学生自己去做，充分体现做科学、体验科学、感受科学、领悟科学的乐趣。培养学生的实践能力是新课程改革的目标之一，让学生参与实践，走向社会，去体会科学就在我们身边，我们身边处处都是科学，让科学学科源于实践、用于实践。通过自制教具，能够充分调动广大教师的积极性，激发教师的创新思维，并且自己动手制作的教具和学具能结合自己教学设计的特点，还能有效解决学校实验器材少的矛盾。例如，在教学“认识导体和绝缘体”时，课本中的电路检测器比较简单，学生将实验材料一件一件放上去，比较耽误时间，并且可能还会出现由于接触不良而影响或改变实验结论的情况。因此，我指导学生制作了“导体绝缘体检测器”，将整个装置设计成并联电路，这样可以同时检测多种材料，节省了时间，在带领学生制作的过程中也指导学生进一步认识了串联和并联电路。在教学“我来做个小开关”时，我为每组学生准备了材料，让学生做一个按压式开关和一个扣压式开关，再做一个控制红灯、绿灯、黄灯的开关。同时请家长协助学生调查家中、单位电路出故障的原因和身边常见的各种开关。巧妙运用学具进行教学，避免了枯燥乏味的文字叙说和教师的灌输式讲授。

通过学具的组装,发展学生的思维,轻松化解教学难点,既让学生学有所用,又培养了学生的动手能力。

二、自制教学具,让实验教学更有说服力

在日常的实验教学过程中,我们经常会发现实验室的一些实验器材不能够满足教学需要,或者教学现象不明显,或者由于多次的循环使用导致器材损耗严重,实验效果不好。因此,根据教学对象的不同及教学需要来调整、改造、更新已有的教具,创制新的教具,是提高教学效果的重要途径。例如,教学教科版四年级下册“导体与绝缘体”一课,仅用电路检测器来判断那些常见的物体是导体还是绝缘体是绰绰有余的,但是涉及人体是不是导体、水是不是导体的问题时,这个电路检测器就显得力不从心了。自制教具“人体验电球”可以让学生看到人体的确是导体,清楚地认识导体和绝缘体,让学生学会安全用电和保护自己。再如,在教学“电从哪里来”一课时,我自制了“水力发电”模型,学生看到当水缓缓地冲动水轮时,小灯泡发出了闪亮的小亮光,高兴得跳起来。在活动中,不但使他们了解了水力发电的原理与过程,将复杂的知识简单化,而且大大激发了学生的兴趣,让他们在玩中树立了立志从事水电建设事业的远大理想。

三、自制教学具,使课外探究生活化

课堂教学是学生探究科学真理的主要途径,但不是唯一的途径,学生学习科学、探究科学现象也不能被束缚在教室和实验室这个狭小的空间里,校园、家庭、社区、公园、田野等是他们学科学、用科学更广阔的天地。教师要精心策划,激发学生将探究活动从课内延伸到课外的兴趣,使课内、课外、生活、社会互相结合,让学生获得最大程度的满足与发展。例如,教学“我来做个小开关”时,课堂上学生自己动手设计并完成红绿灯装置,这时我说:“为了更好地维护交通安全,通常在红灯变绿灯、绿灯变红灯的中间还会亮起什么灯呢?”学生异口同声地回答:“黄灯。”我说:“那怎样在这个装置中加入黄灯呢?希望同学们课后试一试。”本来学生对“电”单元的学习就非常感兴趣,这时候适时抛出一个有挑战性的问题,学生积极性大增,顺利将探究活动引向纵深。

又如,在学习了“物体的热胀冷缩”,知道水具有热胀冷缩的性质后,我鼓励学生利用课余时间设计实验继续去探究生活中的牛奶、花生油等是不是同样具有热胀冷缩的性质。有了前面生活化的实验材料做铺垫,这样的课外探究对学生来说并不困难。生活化的课外活动既巩固了学生在课堂上所学的知识,又有利于培养学生的动手能力,提高其思维能力,促使他们探究能力的发展,培养创新精神,还有助于学生将课堂学得的科学知识、技能运用到自己的实际生活中,解决一些简单的生活问题,学以致用。久而久之,学生乐于对周围生活和学习中的各种现象提出问题，并想办法去解决，乐于用学到的科学知识改善生活。

自制教具学具不仅节约了资金，还在课堂内外给了学生一个动手操作的机会，使学生由被动地接受知识转向主动探索、实践、合作交流的学习过程，使“教”与“学”之间产生互动作用，引导学生成为学习的主体，增强他们的主体意识，培养其创新精神和实践能力。

4. 例谈小学科学教育活动实施途径

实施科学教育，提高学生的科学素养，是促进学生素质教育全面发展的一条重要途径。但是在小学，科学教育并没有得到足够的重视，很多学校认为科学教育需要投入大量的资金，并且在短时间内不能够看到显性的成果，因此很少去关注。其实，科学教育不仅仅是资金的问题，还需要我们多思考，去寻找实施科学教育的多元化途径。我认为小学阶段的科学教育可以从以下几方面抓起：

一、抓好科学课：让科学探究走进课堂

科学教育的本质在于探究，科学教育只有引导学生通过科学探究来发展其科学素质，才能实现科学本质与教育宗旨的内在统一。因此，通过组织科学探究活动，让学生在参与活动的过程中获得感受、体验并内化，逐步培养学生的科学素养，是实施科学教育的重要途径。长期的教学实践证明，"发现问题—提出假设—设计实验—形成结论"的教学程序有利于学生探究能力的培养，而在此基础上设计的"问题实验——看了做，兴趣实验——想后做，动手实验——学中做，生活实验——做中学"等有意义的探究活动模式，更能够引导学生在动手中发现问题、分析问题，通过探究解决问题，有效地激发学生热爱科学、探究科学的兴趣。

二、实施学科渗透，实现学科整合

新课程理念关注的是"用教材教"，而不是"教教材"，如何有效定位教学目标，整合教材，培养学生的创新精神和实践能力、分析和解决问题的能力以及合作交流的能力，是教学的终极目标所在。因此，学科教学和科学教育活动的有机整合，是提升科学教育内涵的有效途径。

1. 与语文学科整合。

科学教育与语文教学整合的途径很多，实践证明，立足于科学史教育和观察能力、阅读能力以及写作能力的培养是整合科学教育和语文教学的有效手段。

(1) 对学生加强科学史教育。通过语文课本中有关科技发明在工、农业生产及日常生活中运用的知识，向学生介绍当今科技研究成果，激发他们爱科学、学科学、用科学的兴趣和热情。利用语文教材中科学发展史的知识，让学生对国内外科学发展史有一个大体的认识，进而掌握科学研究的相关知识。学习教材中有关科学家生平事迹的知识，让学生了解科学家对推进科学发展做出的巨大贡献，学习科学家不畏劳苦、善于钻研的工作作风，培养学生不怕失败、敢于探索、勇于创造的科学精神。

(2) 把习作和种植活动结合起来。习作来源于生活，只有经过认真细致的观察和深刻的体验，才能够写出高质量的作文。科学教育可以为此提供支撑。例如，在科学教育活动"探究种子的萌发和生长"中，指导学生利用废旧的饮料瓶等种植植物的种子，定期进行观察，并把观察的结果记录下来。由于教师提出了相关的要求，既要保证自己的植物长得好，又要写好观察日记，在学期末要进行评比，小学生好胜心比较强，因此积极性都很高，他们会随时关注自己的植物并给自己的植物浇水、施肥等，并仔细观察，做好记录。同时由于观察植物要做观察记录，可以为学生写作文提供素材，语文老师也非常支持这项活动，他们会积极主动地承担批改学生观察日记的任务，真正实现了学科间的融合。

2. 与数学学科结合。

科学探究中的数据处理、模型建立都离不开数学。教师要尽可能让学生在探究的过程中应用数学知识和数学思维方式。例如，在数学教学中，一至五年级都有关于位置和方向的内容，很多学生不能够很好地掌握，基于此，可以在数学课的教学之前，在科学课中教会学生使用指南针，借助指南针认识方位，这样很容易就掌握了。另外，小学数学中，设计模型教学也比较多，如正方体、长方体、圆柱体等，这些章节也是教学的难点，需要学生通过实践理解，可课堂毕竟只有短短的40分钟，因此可以把准备活动放在课外，指导学生利用锯磨机床、木板或泡沫等材料，制作好各种形体的科技模型。由于在制作的过程中，学生已经体会到各种模型的特点，所以在数学课堂上就游刃有余了。还有，科学课中，连续测量一杯热水的温度，绘制曲线图，并应用数学推理进行分析，在分析的过程中，培养了学生严谨的科学思维能力，有利于进行深入的思考，利于他们的创新和发展。

三、合理调整教学时间：开设科技活动课

科学课是科学教育实施的重要途径，但现行的科学课教材不一定完全符合本地方科学教育的实际情况，因此可以对教材进行合理的整合，如可以删除一些对学生来说比较陌生的、不利于探究活动开展的内容，添加一些具有地域特色的教育内容。例如，进行"物质材料"单元的教学时，组织学生到中国知名玻璃企业——秀强玻璃有限公司参观，让学生感受科学技术给生活带来的巨大变化，树立热爱科学、崇尚科学的意识；在教学"环保"单元的内容时，可以组织学生考察宿迁段的运河，了解运河的水污染情况。在此基础上，对教学时间进行有效整合,每1~2个月拿出一节科学课的教学时间,专门用于科技活动课的教学,这样的活动更利于培养孩子的创新能力。

四、建设校园微型生态园:满足生命教育教学需要

城市的孩子对动植物的了解越来越少,甚至对最基本的农作物小麦、稻子、玉米都不认识,对常见的家禽鸡、鸭、鹅更是不了解,至于动植物的生长过程更是一无所知。为了让学生的科学教育更具直观性和实效性,学校可以在力所能及的条件下建设生态园。例如,开辟种植园,以班级为单位,根据实际情况自行种植植物,这可以配合“油菜花开了”“向日葵”“凤仙花”等科学内容的教学;建立养殖园,由学生自己负责养殖常见的动植物,定期进行观察,并做好记录;还可以挖鱼塘,让学生自己养鱼,配合“鱼”单元的教学。总之,通过微型生态园的建立,找到对孩子进行科学教育的载体。

五、举办科技节:以比赛促发展

儿童天生具有好胜心强的特点,科技竞赛活动的开展,可以满足他们的竞争欲望,同时还可以促使学校更加重视科技教育。学生参赛的积极性越高,就会越深入学习科学知识,就越会感到学有所用,学科学的兴趣越高。开展科技节活动能够让更多的学生参与进来,让他们感受到科学教育带给人的快乐,体现了普及性的原则。特别是一些经典的科技竞赛活动,如小制作、小论文、小发明、小创造评比活动,可以充分发挥学生的兴趣和特长,让他们能够有显露自己才能的舞台。另外,科技节也是风向标,可以让更多的孩子在平时的课余活动中找到活动的方向,他们会有目的地玩,积极备战下一届的科技节比赛。因此,每一届科技节一定要保留几个经典的比赛项目。

六、定期开展具有地方特色的主题教育活动

学习科学是为了更好地改变生活,因此,科学教育应该体现学以致用的原则。这就提醒科技教育工作者在开展活动时,关注科学教育的地域特点,让学生能够把科学理论和科学实践建立起联系。例如,结合植物探究活动,可以开展“植物大搜索”系列活动,包括调查地方的稀有植物、绘制校园植物分布图、制作植物标本、制作叶贴画、撰写观察日记、认养校园植物、为校园植物穿花衣、做名片、种植绿豆芽等系列活动;开展环保教育,组织学生调查学校周边的河流污染情况、麦秸焚烧情况等,让学生能够在亲身体验中认识环保的重要性。

七、开发校本教材,打造活动化课程

校本课程是在立足学校和地区的资源条件,满足学生多样化需求的基础上开发的课程,基于校情的校本课程开发与实践则成为学校课程建设的重要内容,同时也成为学校特色创建的主要抓手之一。例如,科学组教师围绕科学教材“绿色环保”这一主题,开发环境保护校本教材《弯弯运河过我家》,通过教师和家长指导学生考察宿迁段运河的水质、水生物及两岸的生物生长情况，激发学生的环境保护意识，实现了对科学课程内容的延伸与拓展；系列科学探究校本课程“瓶子里的秘密”作为相对应年级科学教学内容的拓展，作为学生放学回家后的动手实践“作业”，让学生在做中玩、在玩中学，满足了学生个性化发展的需要。

八、建立科学教育实践基地

只有让学生实实在在地感受到创新给生活带来的巨大变化，才能激发他们创新的意识。学校可以向一些大型企业提出申请，建立实践基地，通过定期带领学生到企业参观，在他们心中播种创新、创业的种子；通过定期组织学生到花卉基地社会实践，让他们了解植物的生长周期，感受生命成长的喜悦。

总之，科学教育的途径有很多，只要能够结合地方及学校的实际情况，多观察、多思考、多实践，就一定能够找到切实可行的实施途径。

5. 科学课程资源选择策略例谈

科学教师是课程资源开发和利用的鉴别、积累、使用者，因此教师在教学中要认真审视学生实现学习目标所需的条件，适时为学生提供有结构的实验材料，改进不适合学生操作的实验装备，挖掘有针对性和适应性的课程资源。

一、提供有结构的材料

学习科学的主要途径就是要让学生亲身经历探究过程，获得真实的体验，所以科学课程应向学生提供充分的科学探究机会。探究材料在科学课程中有着非常重要的地位，因为它是学生感受科学与生活的联系，体验科学价值的重要资源。探究资源必须经过教师处理，使之体现科学探究的结构特点。

在教学“物体在水中是沉还是浮”一课时，按照教学要求，要准备萝卜作为实验材料，我把这个任务交给几位热心的学生，他们在把材料带给我的同时，还告诉我一些情况：

“老师，我的萝卜是妈妈年前买来放在家里的，已经好多天了。”

“老师，我的萝卜是我妈妈从菜园里刚挖出来的。”

“老师，我家里没有萝卜了，我带来的萝卜是我奶奶放在盐水里腌制过的。”

……

我耐心地听孩子们把话说完，脑海中一直在快速地思考：来源不同，这几种萝卜在水中的沉浮状况肯定不一样，怎么办呢？是按部就班，选择一种能够上浮的（学生提到的在家中存放了好多天）萝卜呢，还是有意识地把这几种萝卜分到不同小组呢？选择后者，也许会激发学生的研究兴趣，为后面的“沉浮与什么因素有关”“马铃薯在水中的沉浮”等课打下基础。经过再三思考，我决定大胆“赌一把”。课堂上，我有意识地把这三种萝卜分到不同的小组，让他们去探究。结果在汇报时，有的小组说萝卜放入清水中会浮上来，有的小组说萝卜放入清水中会沉下去。因为都是亲眼所见的事实，学生在课堂上争得面红耳赤。这时候，我适时给他们“降温”，首先让他们冷静下来，先进行科学的猜测：为什么同样的材料，由于储存的时间或地点不同，在水中的沉浮情况会不一样呢？学生根据已有的知识阐明了自己的观点，有的小组说腌制过的萝卜在清水中会下沉，是因为它身体内进入了盐分，变重了；有的小组说长时间放在厨房里的萝卜里面水分跑光了，变“泡”了（就是萝卜里面的水分蒸发了，空气变多了），变轻了……对于他们的解释，我或者给予肯定，或者提出一些供他们探究的问题，鼓励他们通过查资料、做实验来阐明发生这种现象的原因。事实证明，我“赌赢”了，在教学本单元后面的“物体沉浮与什么因素有关”和“橡皮泥在水中的沉浮”后，学生明白了和同体积的清水相比，腌制过的萝卜重一些，所以下沉；长时间放在厨房中的萝卜轻一些，所以上浮……

在进行“摆动研究”一课教学中，探究摆锤重量是否影响摆动快慢时，一般的做法是用钩码做摆锤，因为实验室里有钩码，这样可以省去不少准备实验材料的时间。可是在实验过程中，我发现分别用一个、两个、三个钩码做实验时，由于钩码的长度不同，导致实验结果误差很大，因为虽然摆绳长度相同了，但是整个摆长却不同了。后来在实际教学中，我采用了学生盛放玩具橡皮泥的微型小塑料桶，让学生在小桶内放相同体积的金属块、塑料块、木块，这样就保证了摆的等长，控制其他因素，只改变一个变量，体现了科学性。

二、合理改进实验装置

一个好的实验装置可以提高科学实验课的教学效率，而如果实验装置不合理，就会影响学生的操作，甚至可能会得出错误结论。因此，在科学课中，教师要不唯书、不唯上，应该根据学校器材、学生的实际情况，合理地指导学生使用器材。教学“浮力”一课时，有一个教学环节是测量泡沫塑料块完全浸入水中时受到的浮力。教材通过卡通人物的对话，引导学生运用橡皮泥把小滑轮固定在水槽底部，把测量压力转变为测量拉力。但我在教学中发现，用橡皮泥固定滑轮效果很不好，用力稍微大一些，小滑轮就被拉起来了。在一个班教学时，我一直强调学生要慢慢用力，可能是由于橡皮泥的质量不太好，固定物体的性能差，大部分小组在操作过程中均以失败告终。后来我选择用小吸盘代替橡皮泥来固定小滑轮，这样只要把吸盘和水槽底部之间的空气排出，吸盘就会紧紧地吸住水槽底部，学生再怎么用力，也很少出现小滑轮被拉出来的现象。实验操作难度降低了，教学效率提高了。

细节决定成败，关注细节，会使我们的科学教学更富有“科学味”。

6. 小学科学“用教材教”的再思考

《科学课程标准3～6年级》明确指出，小学科学课程是以培养学生的科学素养为宗旨的科学启蒙课程，科学课程的内容设置要满足社会和学生双方面的需要。基于以上的理解，科学课的教学内容应选择贴近儿童生活、符合现代科学技术发展趋势、适应社会发展需要的内容。在实际教学中，如果教师对教材的编排意图理解不清，一味地照搬教材内容，就会陷入机械“教教材”的怪圈。例如，一位教师在教学教科版三年级上册“水生植物”一课时，教材中图片呈现的是金鱼藻，在当地的水域中没找到金鱼藻，同为水生植物的水葫芦、水花生还是比较多的，可这位教师弃之不用，还是让学生盯着课本上金鱼藻的图片，纸上谈兵。

进行教学不是为了完成教材规定的任务，而是利用教材促进学生的发展，达成我们的教学目标，所以教师要重新认识和理解教材，树立“教材是范例”的新教材观，要在教学实践中创造性地使用教材，不断使教学过程最优化。改“教教材”为“用教材”，有效提升学生的科学素养，是科学教育的最终目的。如何有效地落实“用教材”呢？

一、强化教学目标，吃透教材内容

通过观察研究活动来获取对生命体的体验，是三年级上册“植物”“动物”单元的情感、态度与价值观教学目标，对于三年级的学生来说，这一目标将会影响他们今后的学习与发展，可是很多时候，我们有意或无意忽视了这一教学目标。我认为我们不但要重视这一教学目标，甚至在教学相关内容时，还应该加以强化。在教学“叶”一课时，个别学生随意攀折校园内花坛中的花草，把树叶摘下来观察，发现这种情况后，我没有武断地批评了事，而是对学生进行“和风细雨”的教育：小树和我们一样，它也有生命，咱们随便折树枝、摘树叶，它会感觉很疼，树叶还是大树的小嘴和鼻子呢，没有了小嘴，它就没办法吃东西了，会饿死的。大家想不想大树被饿死呀？学生异口同声地说“不想”。至此，他们充分认识到不能够随意攀折树枝、摘树叶，后来连续几课时的教学，学生都能够自觉地捡自然落地的落叶进行观察。在教学“动物”单元时，提醒学生观察完蚂蚁、蜗牛之后把它们送回家。学校饲养小组需要人手，我就让三年级的学生做小白兔、小蜗牛、小金鱼的饲养员，小动物被照顾得相当不错。

二、关注学生的年龄及心理特点，整合教材内容

在了解小学生年龄、心理特点及认知规律的基础上，对教材进行合理的整合，可以取得事半功倍的效果。例如，教科版三年级上册“我们周围的材料”单元，由6节课内容构成，分别是“观察我们周围的材料”“谁更硬一些”“比较柔韧性”“它们吸水吗”“材料在水中的沉浮”“砖和陶瓷”“给身边的材料分类”。但是教材在编排的时候，有一个特点，如“谁更硬一些”一课除了比较木头、塑料、金属的软硬之外，还安排了认识金属的内容；“比较柔韧性”一课安排了认识塑料的内容；“它们吸水吗”安排了认识纸的内容；“材料在水中的沉浮”一课又安排了认识木头的教学内容。通过多次的教学，我认为这样的编排对于刚接触科学的三年级学生来说有一定的难度，不利于他构建“材料”这一科学概念。在后来的教学过程中，我对教材进行了有机整合，先让学生从整体上认识身边的各种材料，然后再指导他们对纸、塑料等专项材料进行深入探究，最后在一系列探究的基础上，比较这些材料在硬度、柔韧性、吸水性等方面的不同，这样的整合更符合学生的认知规律。

在教学教科版五年级下册“沉和浮”单元时，我把“浮力”和“下沉的物体会受到水的浮力吗”这两节课的教学内容进行有机整合，把上浮物体和下沉物体对比着探究，认识不同状态的物体浮力大小有什么不同，浸入水中体积的多少与浮力大小的关系如何，利于学生建构关于浮力的认知体系。

1. 根据本地区的资源优势，添加或替补教材内容。

尽管科学教材在编写过程中尽可能地选用了我国大部分地区都可能有的实物材料，但对于有些地区来说，仍然存在或多或少的问题。因此，我们积极提倡教师利用本地的资源和环境，使教学内容更贴近学生的实际生活。例如，教学“水生植物”单元，可以指导学生观察本地区存在的水生植物。还有的研究活动需要由课内转移到课外，我们结合教学内容，开展了形式多样的社会实践活动。例如，在教学“环境和我们”单元时，我们组织学生考察宿迁段的运河，了解运河的水污染情况，树立环保意识；组织学生到公园、广场等场所捡拾垃圾，号召学生争做环保小卫士，并通过学生教育家长，切实提高公民的环保意识。在教学“物质材料”单元时，组织学生到中国知名玻璃企业——秀强玻璃有限公司参观，让学生感受科学技术给生活带来的巨大变化，树立热爱科学、崇尚科学的意识。

2. 根据地方季节性特点，调整教学进度。

六年级上册的“生物多样性”、三年级下册的“植物的生长变化”“动物的生命周期”，四年级的“油菜花开了”等教学内容季节性较强，为了更好地完成教学任务，在教学过程中，我对教学内容的顺序进行了调整。例如，植物和动物的教学内容，教材安排在春季学期的开始，那时候我所在的地区气候还比较寒冷，不适宜种植物、养蚕，我就把后面的内容调整到前面上，在3月底指导学生把植物的种子种下去，到4月中下旬再开始进行植物的教学。到5月份，“植物”单元的内容还没有教学完，养蚕的季节已经来临了，这时候可以再组织学生养蚕。凤仙花已经开花结果了，只要定时组织学生观察就可以了。“生物多样性”单元中涉及对校园内的生物进行搜索，如果按照正常的教学进度，要到学期末也就是深冬季节教学，我调整到学期初的9月份，校园内仍然是花红柳绿，便于提高学生考察的兴趣。

三、加强学科间的联系，延伸教材的内容

解决问题需要多种知识，在指导学生学习各个学科知识的同时，更应该注意发现本学科与其他学科之间的联系，通过各学科的交融和优势互补，促进学生的全面发展、可持续发展和终身学习能力的形成。我校在教学三至六年级“植物”单元的内容时，具体做法有：

（1）与科技活动相结合——开辟种植园。学校为三至六年级每个年级准备了一块土地，在科学老师的指导下，每个年级选一名责任心强的同学负责，根据实际情况自行种植，其他同学可以去观察，这一块内容主要是配合课本中的“油菜花开了”“向日葵”“凤仙花”等。

（2）与语文学科、思品学科相结合——每位学生认养一盆植物。学期初，每位学生带一盆植物到学校，这一盆植物可以是学生自己种出来的，也可以是买回来的，放在教室门前，每位同学负责给自己的植物浇水、施肥等，并要仔细观察，做好记录，学期末要进行评比，谁的植物长得好，要进行奖励，学生的积极性都很高。加之观察植物要做观察记录，这为学生写作文提供了素材，语文老师也非常支持这项活动，真正实现了学科间的融合。

（3）与综合实践学科相结合——根据地域特点，开展“植物大搜索”系列活动。例如，调查宿迁的稀有植物、绘制校园植物分布图、制作植物标本、制作叶贴画、撰写观察日记、认养校园植物、种植绿豆芽等，让学生学身边的科学，学有用的科学。

7. 依托校园科技文化建设，培养学生科学素养

校园科技文化作为校园文化一个最重要的分支，是以校园为主要空间，以学生为主体，以课内外科技教育文化活动为主要内容，以展现科技文化内涵为主要特征的一种群体文化。其文化内涵对于学生科学素养的提升，特别是思维能力、创新精神及创造能力的培养有着非常重要的意义。在小学阶段，培养学生的科学素养，最重要的就是培养他们的科学意识和创新精神，培养他们探索科学奥秘的情趣和志向，培养他们观察、分析、操作的能力，以及不怕困难、积极探索、敢于攀登的意志和品格。如何依托校园科技文化建设，培养学生的科学素养？近两年，我们进行了多方面的探索。

一、依托校园科技物质文化建设，培养学生科学精神

为了使学生能够拥有良好的学习环境，越来越多的学校投入大量的资金和精力建设校园文化，力求体现特色化、内涵化的特点，作为以科技教育为特色的学校，应重点关注以下几方面的建设：

1. 设置科学史廊，拓宽学生视野。

通过设置科学发展史廊，让学生了解某一科学领域的历史，如交通工具、航天技术等，特别是中国的现状，让学生认识科学技术的神奇魅力，树立民族自豪感，激励学生学习的热情；通过科技长廊向学生展示一些较前沿的科学技术，如转基因技术、3D 技术等，让学生感受科学技术给人类生活带来的巨大影响，并学会辩证地看待科学技术。

2. 设置科学名人名言墙，加强榜样教育。

科学技术的发展一直都在传承，在科学发展的过程中，涌现了许多杰出的科学家。对于小学生来说，榜样的力量是无穷的。通过展现科学家画像以及科学家的事迹，给学生树立榜样，激发他们的敬佩之情。还可以搜集一些科学家的小故事，如爱迪生发明电灯、富兰克林收集雷电、屠呦呦提取青蒿素等，学习他们遇到困难不畏惧、实验失败不灰心的可贵精神。

3. 开辟科普图书角，培养科普阅读兴趣。

阅读是一种重要的学习和获取知识的方式，儿童时期接受科学启蒙意义非凡，与儿童科学素养的形成和提升密切相关。通过科学阅读，儿童的认知能力、想象能力和创造能力等都能得到滋养和发展，科普读物作为一种重要

的图书种类,是培养学生科学阅读能力的重要载体。学校在购置图书时,要将科普读物作为重要的书目单列购置,并通过问卷调查等形式,了解每个年龄段的学生爱读哪些科普读物,根据学生需求添置,并安排专门时间用于科普阅读,确保学生有科普书籍可读,有时间可读,从而爱上科普阅读。

4. 开辟种植园(角)和养殖园(角),作为探究实践的基地。

陶行知先生说过,要解放儿童的头脑、解放儿童的双手、解放儿童的时间和空间,使他们充分得到自由的生活,从自由的生活中得到真正的教育。在校园内合适的地点开辟种植园(角)和养殖园(角),作为课堂教学一项重要的资源,更重要的是可以让学生在做中学,在学中做,在实践探究中学习科学。同时,学生在参与种植养殖管理的过程中,还能够树立关爱生命的意识,健全学生人格。

5. 建设实验室仪器室,保证科学探究。

科学教育家刘默耕老师在 20 世纪 80 年代就提出,自然科学课的学习要以探究为主要学习方式,而足够的空间和丰富的实验器材是进行活动探究的前提。因此,学校每年都要添置一些新的仪器,特别是易碎易耗物品,要确保实验器材能够满足教学需要,学校也要将每年添置器材、加强实验室建设的费用纳入年初的经费预算。

二、依托校园科技精神文化建设,培养学生实践创新能力和创造精神

学生科学素养的培养不是靠一两节课,也不是靠一两次活动就可以提高的,需要长期的坚持。既要重视课堂教学,更要重视活动开展,多措并举,让学生喜欢科学、爱上科学。

1. 抓课堂,上好科学课。

科学是义务教育阶段一门重要的基础性学科,是以培养学生的科学素养为宗旨的学科。科学课是校园科技文化建设的一个重要方面,是落实科技教育、培养学生科学素养的重要载体。学校要按照教育部要求,从一年级开始,开齐开足科学课,并配备专职的科学专业教师,保证科学课的教学效果。同时要重视实验教学,组织学生积极参与、主动探究,引导学生做好每一个实验,注重引导学生动手与动脑相结合,增强学生的问题意识,培养他们的创新精神和实践能力。在教学中,学校可以将科学课的教学内容和本校科技教育的实际情况结合起来,加强科学学科与语文、数学、综合实践活动等学科之间的相互渗透和融合,还要能够基于学校的科技教育特点,创造性地使用教材,并积极开发科学校本课程。

2. 抓活动,注重实践创新。

创新精神和实践能力是学生科学素养中最为重要的指标,科技活动是培养学生创新精神和创造能力的重要抓手。因此,学校应依托科技馆、科技社团、科技节等,以科技实践体验活动增强科技教育质量,努力在实践创新中培养学生的科学素养。

(1) 以科技节为抓手,开展丰富多彩的活动,搭建科技文化平台。科学素养的提升是依靠学生自身的内化得到的。小学阶段,开展有趣的科技活动能够激发学生学习科学的兴趣。每年的科技节,学校要根据学生的兴趣积极调整活动内容,确保百分之八十以上的学生能够参与进来。例如,讲科普故事、科普讲座、趣味实验对对碰、科幻画展示、车模航模竞速、科技小创新小发明等。通过较为浓厚的知识性和趣味性相结合的科技活动,向学生宣传科技知识,启迪学生思维、拓宽思路,给学生动手的机会,让他们感受玩科学带来的乐趣。

(2) 成立多样的科技社团,让孩子找到自信。尼尔森的《正面管教》认为:孩子只有在一种和善而坚定的气氛中,才能培养出自律、责任感、合作以及自己解决问题的能力,才能学会使他们受益终身的社会技能和生活技能,才能取得良好的学业成绩。科技活动种类繁多,但总有一项适合自己。学生在自己选择的科技社团中,动手实践、开展研究活动,有利于培养兴趣,树立责任意识,增强自信心。

另外,科技活动不仅局限于校园内,还要充分利用地域性的自然资源和社会资源,定期带领学生外出考察、体验实践活动。让学生走进大自然、气象站和农场、工厂,开展综合实践活动,让学生充分运用科技知识解决问题,主动发现问题,拓宽学生视野,调动学生的创新热情。

同时,科技社团的活动也要与时俱进,要积极利用网络资源建设创客空间,依托网络开展主题性的科学研究活动,特别是对于一些很难实践操作的研究,借助于相关的软件,既能够激发学生的研究兴趣,提高他们的电脑操作水平,又能够更好地完成研究目标。

3. 抓科技竞赛,树立合作与竞争意识。

合作与竞争是现代和未来社会人与人之间最重要的两种关系,而这两种关系在很多时候是紧密联系的。组织学生参与各级科技竞赛,能够让学生树立明确的目标,并能够在训练中学会主动认真地与同学互相配合,有利于学生健全人格的形成。同时,参加科技竞赛能够获得荣誉,可以激励更多的学生参与到科技教育活动中,让学生爱上科技,喜欢科学。

三、依托校园科技制度文化建设,建立评价机制,并纳入学校的评价体系

校园科技文化的建设离不开制度的保证。在一所学校内,制度相当于“法律”,因此,健全的制度既能够保障科技物质文化硬件建设的顺利进行,又能够保证科学教学及各项科技社团活动的正常开展,还能够对从事科学教育活动的教师进行有效的奖惩。学校必须重视制度建设,形成一整套的规章制度，确保各项工作开展有章可循、有规可依，让学校的特色文化发展进入良性发展的轨道。

总之，学生科学素养的培养是一个长期的过程，我们要努力为学生营造浓郁的科学氛围，发挥环境育人的功能，充分利用课堂教学主阵地，并把课外活动作为课堂教学的补充和延伸，引导学生去实践、探究和创新，努力提升科学素养，凸显学校科技文化特色品牌。

8. 让科技教育推动学校创新发展

实施素质教育的灵魂是培养学生的创新意识、创新精神和创造能力，而科技教育活动着眼于培养学生的科学素养，是对小学生进行早期科学启蒙教育的重要举措，也是素质教育的重要组成部分，它以其独有的趣味性、知识性、科学性、实践性和创造性等特点，对培养学生批判地思考和探究的实践能力、发展作为现代社会公民所必需的态度与技能有着重要作用。纵观当前基础教育现状，情况不容乐观，考试的指挥棒使得更多的老师和家长把更多的目光聚焦到了语、数、外等学科，科学课成为所谓的"小学科"，科技教育活动更是可有可无。这样的教育现状导致学生的创新意识淡薄，动手能力薄弱。

如何切实提高学生的动手能力，让学生在科技活动中感受创新的魅力，全面提高学生的科学素养，是一个重要的教育课题。下面具体谈谈我校开展科技教育创新活动的一些做法。

一、让科学课堂充满活力

科学活动的本质在于探究，教育的宗旨在于形成人的良好素质，科学教育只有引导学生通过有趣的科学探究活动来发展其科学素质，才能实现科学本质与教育宗旨的内在统一。因此，小学科学课堂应以探究为基础，引导学生能动地学习，让学生在参与活动的过程中，获得感受，体验并内化，感受探究的乐趣，让科学课堂洋溢着灵动的活力。

二、让科技活动放飞梦想

1. 关注氛围营造，打造现代化科普校园。

良好的氛围是一种环境文化，虽然"桃李不言"，却能使学生不知不觉、自然而然地受此熏陶、暗示、感染。所以，学校环境文化的设计必须强化环境育人意识，使校园环境充满着文化色彩，"努力使学校的墙壁也讲话"。我校通过打造"四廊一院一馆两角"等设施，向学生展示科学的神奇魅力。"四廊"分别为：科普信息廊、科普知识学习廊、科学名人名言廊、科学发展史廊。科普信息廊、科普知识学习廊通过展示科普小知识，让学生认识到生活中处处有科学，并学会用科学知识去守护生命；科学名人名言廊向学生展示科学家的人生格言，教育学生向科学家学习，树立榜样；科学发展史廊向学生展示科学发展的历程，认识科学给人类带来的巨大变化。"一院"即科学院，包括科普电影放映室、金工工作室、航模工作室、环境研究所等，为学生的活动提供了场地支持。“一馆”即科技馆，包括壁挂式科技馆和昆虫馆，让学生通过静态的观察和动态的互动，感受有趣的科学现象，如虹吸现象、“怪坡”现象等，树立探索科学的志向。“两角”即动物乐园和植物角，由学生自行组建养殖和种植小组，配合科学课中生命教育教学内容开展种、养殖活动。

2. 依托地方资源，整合课堂教学和科技活动。

科技教育离不开活动的开展，而科技活动的开展又要以《小学科学课程标准》为指导思想，以科学教材内容和科学课的教学为依托，只有把课堂教学和科技活动有机整合，才能够有效提升科技活动的内涵。

（1）开展植物研究活动。

宿迁绿色植被覆盖率高，同时又是全国有名的杨树之乡，杨树种类多，种植范围广。如何让学生多方位、深入了解宿迁的植物，是对科学课中“植物”单元学习内容的拓展。科学组教师以“宿迁植物大搜索”为活动主题，结合三至六年级“植物”单元的教学内容，开展系列活动，如调查宿迁的稀有植物、宿迁杨树知多少、绘制宿迁珍稀植物分布图、制作植物标本、制作叶贴画、撰写观察日记、认养校园植物、种植绿豆芽等，让学生学身边的科学，学有用的科学。

（2）建立科技实践基地。

只有让学生实实在在感受到创新给生活带来的巨大变化，才能激发他们创新的意识。为此，学校向一些大型的厂矿企业提出申请，建立实践基地。学校附近的秀强玻璃有限公司、彩塑集团、龙嫂食品有限公司、三元轮胎等都是科技含量比较高的企业。通过定期带领学生到这些企业参观，在他们心中播种“创新”“创业”的种子；通过定期组织学生到花卉基地社会实践，了解植物的生长周期，感受生命成长的喜悦。

（3）在学科教学中渗透科技教育。

新课改强调的是培养学生的综合素养，关注的是学科间的融合，学校的科技教育也应该渗透到各学科。各学科教师应在课堂教学中注重培养学生的创新思维，注意捕捉学科与科技教育的结合点，有意识地进行延伸、拓宽，增强学生的科技意识。例如，美术课上的叶贴画、石头画、版画等都是学生创造力和想象力培养的有效素材。语文课上培养学生养成良好的阅读习惯，向学生推荐并引导学生在课外阅读科普读物、科技书等，也体现了学科间的融合。

3. 开发校本教材，打造活动化课程。

校本课程是在立足学校和地区的资源条件，满足学生多样化需求的基础上开发的课程，基于校情的校本课程开发与实践则成为学校课程建设的重要内容,同时也成为学校特色创建的主要抓手之一。学校科学组教师围绕科学教材“绿色环保”这一主题,开发环境保护校本课程“弯弯运河过我家”,通过教师和家长指导学生考察宿迁段运河的水质、水生物及两岸的生物生长情况,培养学生的环境保护意识,实现了对科学课程内容的延伸与拓展;系列科学探究校本课程“瓶子里的秘密”是对相对应年级教学内容的拓展,作为学生放学回家后的动手实践“作业”,让学生在做中玩、在玩中学,满足了学生个性化发展的需要。

4. 着眼实际,创新科技教育活动形式。

丰富多彩的科技活动是广大学生所喜爱的,学校应积极为学生搭建展示自我的立体舞台,让他们在活动中张扬个性、展示自我。

(1) 开展科技主题月活动。

学校根据季节特点及科学教材的编排体系,开展科技主题月系列活动。即每月都有一个科技活动主题,全体师生围绕这一主题开展科技教育活动。例如,1 月份的元旦、3 月份的植树节、5 月份的母亲节、9 月份的教师节,学校结合环保教育主题,号召学生用零花钱购置树苗为大地添绿,提倡孩子们用废旧物品亲手制作小贺卡、小制作、绘画作品等作为礼物表达心意,让孩子们用行动践行“保护环境,节约资源,人人有责”的教育思想。

(2) 以“普及 + 提高”的形式开展科技教育活动。

所谓“普及”,是指以班级为单位,要求全员参与。例如,针对环保教育主题,要求一至六年级的每位学生每人认养一盆绿色植物,定期为植物浇水、施肥,并及时撰写观察日记,教师定期对观察日记进行评比,通过这样的活动,培养了学生的观察能力和爱护生命的意识。

针对学生不同年龄的特点、知识水平以及技能差异,各年级开展不同类型的科技活动。例如,一、二年级以折纸、绘制科学幻想画等活动为主;三、四年级以建筑模型的设计制作、办主题科普小报等活动为主;五、六年级重点开展车模、船模的制作及操作比赛、头脑奥林匹克竞赛、科技小制作、小发明、写科普小论文等。各年级按照学校统一的计划安排,每周五下午开展相应的活动。

“提高”是指在学生自愿报名的基础上,组织一批对科技活动兴趣浓厚、思维敏捷、想象力丰富、动手能力强、具有一定个性特长的学生参加学校开设的金工、航模、车模、船模、头脑奥赛、科技小制作等校级科技兴趣小组活动。通过对这部分学生的系统训练,带领他们参加各级教育主管部门组织的各种科技比赛,并对取得的优异成绩进行宣传,让这部分学生影响整个班级、整个年级、整所学校甚至是整个社会,在全社会营造爱科学、学科学的良好氛围。

(3) 做大、做强科技节活动。

科技节活动是一项十分有意义的课外活动,可以丰富学生的课余生活,对于培养学生的综合素质有着重要的作用。开展科技节活动首先要制定完整的实施方案,包括活动主题的确定、活动安排、安全预案等。科技节要注重打造金牌活动项目,可以把学生喜闻乐见的、参与度高、科技含量高的项目作为每一年科技节的保留项目,把科技节办成展示学生优秀科技成果的盛会。我校的科技节每年都要开展十几项科技活动,其中班级之间科技对抗赛、小发明、小论文、小制作、奇思妙想等活动是每届科技节的保留节目,每年的科技节闭幕式上都要举行隆重的"石头娃科学院"小院士、小博士授衔仪式。在科技节活动结束后,还要关注科技节后续活动的开展。总之,要让科技节引领学校的科技活动,让学生一直保持对科技活动的浓厚兴趣。

(4) 利用各种媒体,传播科学知识。

当今时代信息传播途径多样化,可以利用广播、电视、电脑等传播科学知识。例如,可以利用学校的广播电台、电视台开辟科学专栏,向学生介绍最新的科技动态,吸引更多的学生参与科普知识的竞猜等活动,引领他们关注自然、主动探索与发现,培养他们的探究意识和好奇心。

三、让科技比赛铸就辉煌

1. 推动考核制度的创新。

合理的考核制度是凸显学校特色的关键,它能够有效保护教师的积极性,有利于学校教育特色的良性发展。因此,学校应该构建并不断完善有利于提升特色内涵的激励体制。

(1) 成立科技教育领导小组,加大考核力度。

学校成立专门的科技教育工作小组,由专人负责督促科技教育工作,强化责任。同时从社会上聘请一些科技方面的专家作为顾问,定期参与学校的科技教育管理和指导。学校还要将科技活动纳入学校的工作计划和绩效考核工作中,把专、兼职科技辅导员的科技教育实绩作为其业务考核的主要内容之一,让科技活动组织得好、成绩突出的科技辅导员在绩效考核中"冒出来",并把他们取得的成绩作为评优、评先的重要依据,以此激发广大科学教师的积极性。

(2) 科学教师队伍专职化。

一支素质过硬的科技辅导员队伍是保证学校科技活动正常开展、创新开展的关键。学校要通过"内培外聘"等方式,确保辅导教师队伍的数量和质量。学校内,要选派年富力强、专业素质好的教师担任科技教育工作,安排教师参加各级科技教育的培训和活动,并把辅导兴趣小组活动、实验器材的准备工作纳入科学教师的工作量,让更多的教师乐于担任科技辅导员,乐于从事科学教育工作。同时,还可以从社会上聘请部分科学研究专业人员、退休工程师充实学校的科学教育队伍。

2. 推动家校联系的改进。

学校教育离不开家长和社会的支持。长期以来,模式化“教师讲、家长听”的家长会形式在很大程度上弱化了家长会的作用。为了充分发挥家长群体的作用,我校通过发放告家长书等形式,号召广大家长积极指导自己的孩子开展科技活动。例如,号召家长带领孩子考察家乡的环境污染及治理,到厂矿企业参观,和孩子一起参加学校的科技活动比赛,如亲子“OM”头脑风暴、家长科技对抗赛等,有效地调动了家长参与学校活动的积极性,学校和家长之间的关系更加密切。

第三章 有效教学与高效课堂

1. 例谈科学教学“四关注”

提高教学效率是每一位教师课堂教学追求的目标。提高教学效率的途径有很多，不同学科，应用的策略也有所不同。在小学科学课的教学中，做到以下“四个关注”，能够有效提高教学效率。

一、关注有效教学情境的创设

建构主义学习理论认为：学习是学生主动的建构活动，应与一定的情境相联系，这样可以使学生原有知识或经验与新知识发生冲突，从而迁移到新的问题情境中，使学生容易掌握知识和技能，成为主动的探索者。因此，教学设计应注重创设各种情境，通过组织一个个科学探究活动，让学生参与并亲历活动过程，引发学生认知冲突，从而获得感受、体验并内化。

请看一位科学教师在执教“神经”一课时的精彩片段：

师：老师这里有一把橡胶锤子，我想用这把锤子敲一下同学的手，哪位愿意勇敢地试一试？

生：我愿意。

师：那我就不客气了。（当然只是用了很小的力）

生：哎哟。（同时缩回了手）

师：怎么了？

生：疼。

师：即使是这样，老师还是表扬你很勇敢。还有哪位同学愿意试一试？

接着又有一位学生试了试……

师：下面老师要连续敲这一排同学的手了，请你们做好准备。

学生在锤子快要落下的一瞬间，纷纷把手缩了回去。

师（笑）：我还没敲到你们，就把手缩回去啊？

生：怕疼。

师：没敲到怎么就知道疼呢？

生：我刚才听到张飒（第一位被锤子敲手的孩子）喊疼。

师：是啊，听到别人喊疼，我们怎么就会做出这样的反应呢？

……

以上的一段情境设计自然激起学生研究的兴趣：为什么锤子还没碰到手，手就会缩回去？人的神经系统究竟是怎样工作的？引发学生的探究欲望，为后面的教学做了很好的铺垫。

二、关注实验材料的结构性

有结构的探究材料能够造就一节好课，材料对探究问题的指引、教学目标的达成起着决定性的作用。在教学设计中，教师要选择典型的、有利于学生探究的实验材料。例如，在教学"摆的秘密"一课时，教师为全班同学提供的摆各不相同，有的摆线长，摆锤重；有的摆线短，摆锤轻；有的摆线短，摆锤重。同时，所有摆的摆线长短可调节，摆锤的轻重可调节。教师让全体学生一起在规定的时间数各组摆摆的次数，结果每个小组的摆摆的次数都不一样，这样学生就产生了解决问题的欲望。又由于每个摆的摆线、摆锤是可调的，学生经过观察、比较，就会发现各组摆摆的次数不一样的原因，进行推想，进而设计实验验证自己的设想。

教师还可以采取开"材料超市"的形式，让学生自选材料。当然，"超市"里的材料也是教师课前精心选择的。在教学"冷水和热水"时，引导学生探究如何让一杯热水更快地变成冷水是本课重点。为此，教师为学生准备了微型电风扇、纸扇、冰块、烧杯、冷水等近二十种材料，每组学生在讨论的基础上，由组长到"超市"选购材料。学生在自选材料、亲历探究的过程中，进一步体验到科学探究的乐趣。

三、关注科学探究心理氛围的营造

教师是学生学习活动的支持者和引导者，要为学生营造一种民主、平等、安全的学习和探究氛围，同时要了解每位学生的智力水平、性格特点等，以便于在教学的过程中根据其特点采用不同的教学方法。我教学的班级有一名叫军的小男孩，他有口吃的毛病，但画画特别棒。学习"植物的根和茎"一课时，在完成猜想"根有吸收水分的作用"后，我鼓励军走上讲台，像老师那样在黑板上画出植物的根是如何吸收水分的示意图，结果他画得非常棒，得到了大家热烈的掌声，军的画也画得越来越好。我还教过一名叫文的学生，他的语文、数学、英语等学科成绩较差，他很自卑，总感觉抬不起头，但这名学生动手能力很强，我就经常让他在科学课上和我配合做演示实验，分组实验的时候，也建议他担任小组长。两年时间下来，这名学生变得阳光了，其他学科的成绩也有所提高。

四、关注学生多元智能的开发

心理学家加德纳认为，每个人的智能都是多元的，智能表现方式是多角度的，每个学生都有最适合他们自己的智慧活动方式，这决定了学生学习方式也是多元的。因此，在教学设计时要尊重学生的学习风格，利用学生的长处，要力求兼顾学生的各种学习方式，设计丰富多彩的学习活动以适应不同的学生。在教学"保温瓶的构造"一课时，我为每组发放一张实验记录单，只是在记录单的后面增加了一栏：你觉得现在的保温瓶有什么不合理的地方吗？如果有，你可以进行改造或创造，用你喜欢的方式进行。学生们的表现大大出乎老师的意料，他们有的写、有的画、有的说，充分展示自己的长处，学习科学的兴趣得到了最大程度的满足，多种智能得到充分的发掘。

多元智能理论拓展了教师的"发展观"，要求在评价方式上也要兼顾不同学生的智力特点，用多维度、全面、发展的眼光来评价学生。在科学课中应根据不同的教学内容采取多种评价形式，如：档案袋评价、专题作业评价（如对纸的研究、垃圾的研究）、激励法评价、测验法评价等。

一节好的课，不会是教师随手拈来，而是经过多次"磨"出来的。"磨"的过程是一个艰苦的过程，因为需要考虑的因素很多：课程的目标，如何整合教师、学生、教材与环境，如何实现学生学习方式、教学方式的创新……只有诸多的因素都考虑周全了，设计出来的教学活动才会让学生在课堂上有"峰回路转，别有洞天"的感受，也才能够达到提高学生科学素养的目的。

2. 合理设置教学目标，切实提高教学效率

教学目标是教学活动实施的方向和预期达成的结果，是一切教学活动的出发点和最终归宿，也是检验课堂教学质量的关键因素。设置科学、合理的教学目标是提高课堂教学效率的重要举措，教学中，教师不但要合理地预设教学目标，还应该根据具体情况适时调整教学目标。

三年级上册“比较水的多少”一课，教材安排了三组实验，分别是比较三瓶水的多少、自制量筒比较水多多少、学会使用量筒测量水的体积。教参书中教学目标定位为：

(1) 认识液体具有一定的体积，液体的体积是可以测量的。

(2) 使用多种方法比较不同容器中水的多少，学会使用非标准单位和标准单位测量液体的体积。

(3) 培养学生的观察能力、推测能力和实验操作能力，激发学生学习科学的兴趣。

要在40分钟完成所有的教学任务，达到预期目标，对于刚接触科学课的三年级孩子来说，有一定难度。第一次试教，当教学“用自制量杯测量水多多少”时，有学生提出来可以用有刻度的杯子来比较水多多少的问题，我就让学生动手画刻度尺，然后贴在杯壁上，结果发现由于杯子的高矮粗细不相同，同一杯水，测量的结果却不相同。这一环节设计得非常好，让学生经历了量筒的发明过程，但是由于三年级的学生年龄偏小，动手能力较弱，本环节足足花费了近20分钟，后面的教学重点“如何使用量筒”就无法完成。第二次备课的时候，我对教学目标进行了简化，弱化了“学会使用非标准单位测量液体的体积”这一目标，把指导学生用自制的量筒探究水多多少的环节调整为由教师根据学生的汇报进行演示实验，让学生在教师演示的过程中认识到自制的量筒由于刻度不均匀、杯子的形状、粗细不同等因素，无法通过高几厘米来比较水多多少的问题，进而把更多的时间花在认识量筒、使用量筒这一教学环节。

以下是整合教材内容后的教学片段：

师：刚才每组同学们都用自己喜欢的方法比较出了1、2、3号瓶子中，哪瓶水最多，哪瓶水最少，现在老师想知道1号瓶子里的水究竟比2号和3号瓶

子里的水多多少，你有什么办法吗？

生：放在天平上称。

师：把三个瓶子直接放在天平上吗？

生：把三个瓶子里的水倒入同一个杯子里称。

师：这个方法很好，但是老师今天准备的天平不够每组一台的，还有其他办法吗？

生：在杯子上画刻度，然后把瓶子里的水倒进去，看水面高几厘米.

师：大家同意吗？

生：同意。（大部分同学表示赞同）

师：老师上课之前也想到了这个方法，我在两个杯子上用尺子画上了刻度，（出示带有刻度的两个大小、粗细不同的杯子）现在我们就来尝试比较水的多少。

教师把相同的一杯水分别倒入两个杯子中。

（听到下面有同学发出唏嘘的声音）

师：有的同学好像有话要说，你们发现什么问题了吗？

生：同一个瓶子里的水倒入两个杯子中，刻度不一样了。

师：哦？有差别？咱们请前面的一位同学到讲台前自己观察一下，真的有问题吗？

生：1 号瓶子里的水倒入这个杯子里是 8 厘米，倒入那个杯子里是 11 厘米。

师：看来由于杯子的形状、大小不同，这样比较不准确。科学家在研究这个问题的时候，也发现了这个问题，后来经过认真的研究，终于发明了专门测量液体体积的仪器，那就是量筒。（出示量筒）下面请每组的组长到老师这里领取量筒，仔细观察量筒长什么样。

……

以上教学片段给我的启示是：教学目标应该简单、明晰，切勿庞杂、面面俱到。在科学课中，可以从以下几方面关注教学目标的选择：

（1）根据课堂实际，适时调整教学目标。

当学生的注意力或兴趣发生转移时，教师可以根据实际情况调整教学程序和目标。例如，在教学“大树和小草”一课时，我带领学生到学校的大花园里观察小草，结果他们只观察了一会儿，注意力就被西瓜虫吸引过去了，并且兴趣浓厚，怎么办呢？是命令学生继续完成预定的教学任务呢，还是按照学生的兴趣进行教学呢？我选择了后者，因为“植物”单元后面紧接着就是“动物”单元的教学。我说：“同学们既然都想观察西瓜虫，那你们就观察吧。为了观察更仔细，老师提醒你们可以用手中的放大镜，不过老师有一个要求，就是比一比哪一组发现的西瓜虫的秘密最多。”学生的积极性更高了，在组长的分工下，他们分工合作，有的观察、有的记录，真是忙得不亦乐乎。在后来的汇报中，学生的表现令我这个老师也自叹不如。

（2）明晰主次，合理设置教学目标。

一节课中，需要完成多个教学目标，由于时间的限制，在追求完成多个目标的同时，质量就会打折扣，因此，教师在定位目标时，要关注主要目标和次要目标。例如，在教学“坚硬的石头会改变模样吗”一课时，要让学生通过模拟实验认识到温度、动植物的作用都会改变岩石的模样。如果几个实验都放在课堂上完成，有一定困难，特别是验证植物根对岩石的作用，实验难度高，学生不容易操作。因此，在教学中，我只让学生重点完成一个实验，即温度对岩石的影响，剩下的实验让学生明确方法，放在课后做，教师在课堂上通过播放视频让学生直观地感受到动植物对岩石变化的影响。

（3）整合教材内容，系统化教学目标。

由于受到诸多因素的影响，教师在教学中要根据实际需要，对教材内容进行有机整合，设置系统、合理的教学目标。例如，教学“我们周围的材料”单元时，教材在“哪种材料硬”的后半部分安排了认识木头，在“比较韧性”的后半部分安排了认识金属等环节，这种安排不利于学生形成系统的认识。如果教师对教材进行单元式的整合，让学生先认识每一种材料的特征，然后再从整体上比较每种材料的异同，这样既能够有效地培养学生的观察能力，又能够帮助学生建构“不同的物质在软硬、韧性、吸水性等方面是不同的”这一系统概念。

总之，确立准确、合理的教学目标是教学设计的首要工作，但教学目标不是一成不变的，教师还应当在研究学生的兴趣、爱好和教学实际情况的基础上，把握学生学习的“最近发展区”，适时调整教学目标，努力提高教学效率。

3. 小学科学实验教学有效性的几点思考

实验是学生学习科学的一条重要途径,因此,实验教学在小学科学教学中占有较大的比重。但是我们也看到,在日常的科学教学中,很多实验教学流于形式,对学生缺乏必要的思维训练,为了实验而实验,实验效率低下。如何提高小学科学实验教学的效果?现从以下几方面谈谈本人的体会:

一、实验的指向性要明确

如同上课要有教学目标一样,实验也要有明确的目标。如果仅仅是学生为了实验而实验,没有明确的目标,那么只能使学生浮于实验过程与表面现象,只知道怎么做,而不知道为什么做,这只是一种机械性的操作,缺乏目标引领,没有渗透科学的思维和方法,思维得不到有效发展。例如,教学“空气占据空间吗”一课,引导学生设计实验来证明空气是可以占据空间的,这是实验的目标,教师首先要让学生明确这个目标,给学生以明确的研究方向,而不仅仅是教师出示操作步骤,学生跟着做。一位教师模仿乌鸦喝水,让学生根据自己的要求,一步步将两根吸管插入瓶子,再用一团橡皮泥塞住瓶口,这样做的确可以看到很明显的实验现象,但是学生实验完成后仍然不能够解释为什么会出现这种情况,橡皮泥起到什么作用。另一位教师只是给学生提供相关材料,再告知实验的目标——想办法利用空气把瓶子中的水挤出来,学生讨论交流,自行设计实验方案,自行完成实验,这样学生不仅学会了怎么做,还知道了为什么这样做。这样做的结果就是学生在一步步思考中达成实验的目标,思维得到一步步发展。

二、实验的操作要规范

1. 实验仪器操作的规范性。

没有规矩,不成方圆。实验教学同样如此。一个不起眼的动作或一个很小的失误,就会导致实验的失败,或得出的结果和事实大相径庭。在小学科学教学中,对于一些实验仪器的使用以及操作的规范,即是“规矩”,需要严格遵守。例如,对于操作的规范性要求较高的实验器材,如酒精灯、量筒、量杯、显微镜的使用等,教学过程中可以通过播放预先录制的视频或演示的形式展示正确的操作方法,让学生刚接触某种器材就能够学会正确的使用方法。另外,在实验过程中,教师还可以通过多媒体等,以“温馨提示”等方式提醒学生注意操作的规范性，提醒学生一定要阅读注意事项，弄清操作顺序，按照要求去做，并做好记录，便于分析、归纳和总结，避免意外事情的发生。

2. 实验活动操作的规范性。

规范的实验操作能够有效培养学生的观察、实验、创新和动手操作能力，激发学生学习科学的兴趣，使科学概念易于理解、便于记忆，从而培养学生实事求是、严肃认真的科学态度和科学的学习方法。对于一些学生把握不准或容易产生歧义的实验，教师要亲自试一试。为此，课前教师一定要准备好实验器材并亲自操作一番，以免在课堂上因为仪器问题或操作不当而显得手忙脚乱。要提高实验的规范性，就必须坚持科学性原则。在实验演示中，教师的一举一动都会成为学生学习和模仿的对象，因此教师在演示中一定要注意动作科学规范，语言准确凝练，并保证实验现象清晰明了，确保演示实验高水平地完成。长此以往，学生的实验素养会在教师的潜移默化下得到大幅提升。例如，对于摆的研究，怎样才算摆动一次？如何数摆？小组间成员如何配合？这些都需要实验前明晰操作的规范性，教师可以和学生配合，也可以让学生到实验台前操作，其他学生判断操作是否规范，对于不规范的教师要予以强调，这样学生在操作的过程中就很少出现问题了。

三、实验器材力求实用性

工欲善其事，必先利其器。要想提高小学科学实验教学的效果，必须有实用的实验器材。所谓的实用，并不是要求器材“高大上”，而是要求器材易于操作、实验现象明显。随着时代的发展，仪器室内很多器材已经不能够满足现在的教学需要，这就需要教师提前做一做相关的实验，发现实验器材出现的问题，有针对性地改进或购置新器材。

加强实验教学与生活的联系，不仅可以有效降低教学难度，而且学生学习起来也不容易产生畏难情绪。同时，生活中的器材简单易得，可以让学生帮着准备，这样做可以让学生产生主动学习的意识，产生学习的兴趣，感受探究的快乐。例如，教学“导体和绝缘体”，学生准备了十多种用于检验的材料，诸如塑料、木棒、铜条、铁丝等；教学“物体在水中的沉浮”一课，学生准备了不同状态下的萝卜，有新鲜的，有干瘪的，还有腌制的，这些萝卜放入水中沉浮状态也不一样，可以称之为“有结构的材料”，对指导学生进行沉浮的研究非常有意义。

对于生活中的材料，也可以由教师统一准备，这样占用时间不多，却能给实验课堂带来好的效果。例如，教学“认识水生植物”的内容，本地区的河流中存在较多的就是金鱼藻和水花生，而水葫芦比较少，教师完全可以根据本地的实际情况，采集常见的水生植物供学生研究。还有的教学内容，教师可以根据地方资源的实际情况，带领学生到工厂上课。例如，对于四年级的“认识材料”的内容，教材中安排了对玻璃的认识，我将学生带到学校附近的秀强玻璃有限公司，让学生观看玻璃的生产过程，了解玻璃的发展历史；教学“生物与环境”的内容时，学科组依托学校距离运河仅有200米的地域优势，编写了校本教材《弯弯运河过我家》，指导学生调查运河两岸的动植物生存状况，考察河水的污染情况，让学生学习生活中的科学，让科学为生活服务。

与时俱进，充分利用多媒体。当今时代是网络时代，地球就是一个村落，所有信息和资源都可以通过网络获得。对于一些抽象性的教学内容，可以利用现代化的教学手段加以展示。比如，在研究星空时，可以借助“虚拟天文馆”等软件观看一年四季星空的变化；在研究声波时，可以借助音频软件分析声音的高低强弱，并以图像的形式展现给学生；在研究昼夜现象时，我们还可以通过网络摄像头直播不同地区的昼夜现象。总之，只要我们用心去准备，就一定能够为教学提供高效实用的器材。

四、注重对实验数据的收集、交流和分析

对实验数据的收集、整理和分析是实验教学重要的环节。教学中，教师要注意调控好实验的时间，要留有充足的时间对实验数据进行分析。仍以“摆的研究”一课为例，如果有的小组研究的结果和其他组差别较大，如得出的数据与事实相悖，教师就要引导学生客观分析是否存在问题以及存在问题的原因，培养学生学会辩证地看待问题，逐步培养他们科学思维的深刻性、灵活性、敏捷性、独创性和批判性，不断提升学生的思维品质。

五、关注评价

教学评价是提高实验教学效率不可或缺的环节。实验中教师要及时点评，对实验过程中出现的错误和不足及时加以点拨和指导；学生要学会互评和自评，特别是小组内的互评能够让学生看到同伴的优缺点，学会客观看待自己，在潜移默化中养成求真求实的科学态度。

实验的高效性是我们追求的目标，这个目标的达成需要科学教师去思考、去实践，只有让学生学会规范地操作，养成实验中善于思考的习惯，并能够客观地分析实验数据，学生的思维能力及创新能力才能得到有效提高，这样的实验才谓之“有效性”。

4. 小学科学评价有效性例谈

小学科学评价的主要目的是及时了解学生的学习和发展状况,以利于教师有针对性地调整教学策略,促进学生的学习,并最终实现课程目标。课程评价在实现课程目标方面发挥着重要的导向和监控作用,虽然相关的文件明确规定小学科学的评价应该考虑多方面的因素,包括评价主体的多元化、评价内容的全面化、评价方法的多样化、评价时机的全程化等,但是在实际的评价中还存在很多问题。例如,仅仅关注学期末的评价而忽略学期中的评价,把小学科学的评价单一化、程序化,以学期末的一张试卷来评价学生的科学学习情况,这些做法很大程度上降低了学生学习的积极性,不利于激发学生的学习兴趣,不能够有效提高学生的科学素养。基于以上问题,我认为小学科学教学评价的方式、方法还应该有所转变,给学生更多的空间去发展自己、表现自己。

一、形成性评价

形成性评价是指对学生学习过程的评价。主要采取测试性评价和非测试性评价相结合的形式进行,这种评价的理论基础就是多元智能理论。多元智能理论认为:每个学生都有不同的智能表现,或语言智能,或音乐智能,或数理智能,或空间智能,或身体运动智能等,不同个体在不同智能方面拥有的量各不相同,因此,在科学教学评价时,就要对学生的兴趣、态度、学习策略以及语言发展状态等进行全面评价。

形成性评价还应该具有结构性和规范性。该评价可以采用提问或设置特定任务的方式进行,具体包括以下几方面:

(1) 小组准备材料记录表。实验材料的准备是一项工程巨大的任务,需要学生的积极配合。设计材料准备记录表可以了解学生参与实验材料的准备情况,也是判断他们对科学课学习兴趣的一个重要方面。

(2) 反映学生、小组进行科学学习的实物成果,也包括课后自主研究情况。例如,小组同学对所研究问题的思考、提出的方案、学生的科学实验报告、科学调查报告、收集的资料和科学日记等。

(3) 小组成员学习态度、方法与贡献的评价意见等,主要包括对分配到各小组任务的完成情况、成员间的配合等。

（4）科学学习综合评价表。一般放在学期快要结束的时候，由教师和小组同学一起讨论，共同进行评价。

形成性的评价更有利于教师诊断学生在学习中存在的问题，对学习进行必要的调节，帮助学生建构知识，达成学习的目标。

二、概括性评价

概括性评价是指作为个体的，学生在一定时期里取得的成绩。该评价总结了该时间段里学生的学习情况，并向其他人，主要是父母、其他教师和学生本人提供的信息，如阶段性的检测等。概括性评价不在于收集证据的方式而在于证据的使用。这个过程不是循环的，而且信息不会立刻对进一步的经验学习产生影响，但是从长远来看可能会产生影响。

三、终结性评价

终结性评价是对学生学期或学年科学学习成果的检验。终结性评价一般采用期末考试形式，考试内容应能反映特定教学时段所覆盖的内容，具有综合性、科学性和开放性，试题能引起学生兴趣并与实际相联系，着重检查学生分析和解决实际问题的能力。

考试形式应有利于检测学生的科学探究能力，尽量做到多样化。针对不同情况和不同要求，可以采用笔试和实验技能操作相结合的形式进行。

实验技能操作：重点考查学生的实验掌握情况及教师指导学生实验的情况。教务处根据科学课程标准和教学内容安排，制定实验内容，由科学老师以抽签的形式抽取 4 ~5 个实验题，并以班级为测评单位，每四人为一组共同完成实验操作，由科学教师和同轨班级的优秀学生代表担任裁判，根据评价细则当场给予评价，对每个小组的实验操作及实验报告单的填写进行综合评价，分为 A，B，C，D 四个等级，这四个等级分别对应百分制的 90 ~100 分、76 ~89 分、60 ~75 分、60 分以下。

笔试：重要的评价形式就是期末的综合测试。采用上级教育主管部门统测的书面试卷，主要考查学生科学知识的掌握情况，以个人答卷的形式展开，同样设 A，B，C，D 四个等级：90 分以上的等级为 A，76 ~89 分的等级为 B，60 ~75 分的等级为 C，60 分以下的等级为 D。

将实验技能操作和笔试成绩按照一定的比例计算，即为学生的终结性评价成绩。

四、多元性评价

评价的多元化，即评价时同时兼顾学生在科学学习中表现出来的多方面才能。作为教师，要善于发现学生的闪光点，发现其在某一方面的特殊才能，并努力将其牵引至科学的学习中。

总之，无论采取什么方法，在具体设计评价方案时都要关注学生科学素养的全面发展，要尽可能真实地反映学生科学素养的全貌，要有利于学生主动参与、积极探究、动手动脑。要把评价结果以书面或口头的形式及时反馈给学生，不能单纯地告诉他们学习成绩，还要告诉他们在学习上的优势与不足，提出激励他们进一步达到目标的建议。

5. 小学科学课堂应重视交流的作用

一段时间以来,科学探究似乎成为科学课的代名词。在现实的课堂中,也是过多地关注学生的实验探究,而对于学生间、师生间的交流有所忽略,学生热衷于动手做,对于如何对实验中的现象进行交流讨论与分析,教师则缺乏必要的指导,导致教学目标达成度不高,教学效果受到影响。

一、小学科学课堂的交流现状

1. 追求表面的热闹:课堂探究活动碎片化。

小学一节科学课的时间是40分钟,去掉组织教学,大部分的教师往往安排2个或2个以上的探究活动,这样每个探究活动时间不到15分钟,这么短的时间,还要挤出给学生交流和总结的时间,这样的探究能到位吗?只能说是为活动而活动,是碎片化的活动,而活动后的交流也往往是教师问、学生回答结果。学生对于探究中看到的现象和获得的数据没有仔细分析、交流和思考,失去了探究活动的最终目的。

2. 部分控制整体:强势学生把控课堂。

由于每位学生的性格不同,学习能力也有所差别,因此,在小组学习中,有的学生表现较为强势,而有的学生由于学习能力较弱,自卑感强,缺乏自信,不敢独立交流。这样就导致有的小组出现"一言堂"现象,长期这样,小组内的交流就成了一种形式。这就需要教师在课堂中进行有效的调控,更多地关注处于弱势的学生,还要给学生鼓励,努力提高他们的交流能力。

还有的就是教师对课堂的控制能力不足,缺乏恰当的引导,出现了课堂气氛过于热闹的情况。比如,在进行同桌交流的时候,有些学生就兴致勃勃地和同桌讨论,但是无法安静地听别人说话,这样的课堂看起来是很多学生在交流,可是如果教师控制能力不够,就会得到适得其反的效果。热闹的课堂顿时就会变成"菜市场",根本听不清楚对方在说什么,你说我也说,争先恐后地说,有些甚至聊起天来。这样的"交流"不是科学课堂所需要的高效率"交流",也脱离了科学课堂的主旨,而出现这种情况多半跟教师的课堂驾驭能力有关。

进行"有效交流"是新课程倡导的理念之一。课堂上的"有效交流"不仅仅是让学生大胆且充分地表达自己的思维过程和思维结果的单向传输,多种观点的分享、沟通和理解更能有效促进学生对知识的理解。

二、高效交流的方法

1. 情境设置：营造轻松和谐的气氛。

兴趣是最好的老师，要培养学生的探究能力和实践能力，必须使学生对所学的内容感兴趣。课前，针对小学生形象思维的特点，教师要认真做好准备，设计一些使学生感到新鲜有趣的导语、动作等，把学生的注意力迁移到探究知识的情境中。

教学中，也要为学生营造轻松和谐的氛围。正常的课堂提问，许多学生可能会因为心情紧张而表达不清楚，有的学生还会因为担心说错了会遭到同学的哄笑或者老师的指责，所以不敢说也不想说。但是课堂上的讨论特别是小组内的讨论是很受学生欢迎的。活动中，选择合适的问题，组织学生展开讨论，比老师的灌输要好得多。比如，在学习"食物中的营养"一课后，组织学生讨论怎样才能算营养均衡，怎样设计营养合理的一日三餐的食谱，学生既能够结合学习的新知，又可以结合自己的生活经验来表达，因此都很乐意去说，甚至抢着说，这样的交流不但能够高效完成教学目标，让科学为生活服务，还培养了学生的语言表达能力。

针对不同年龄段的学生，教师可以采取不同的方法来营造氛围。针对低年级的学生，抓住他们好胜心强的特点，可以在课堂上组织各种类型的抢答竞赛，调节学生的情绪，活跃课堂气氛，给学生更多的发言机会。比如，在学习"蜗牛""蚯蚓""蚂蚁"等教学内容，就可以提前布置学生饲养小动物，然后在课堂上以汇报抢答的形式，让学生介绍动物的身体特征、生活习性等。提前安排可以为那些平时反应稍慢的孩子提供机会，增强他们的自信心和参与的兴趣。对于五、六年级的学生，教师在教学中可以采用小组辩论的形式进行。例如，教学"生态平衡"单元，可以让学生围绕"一种生物灭绝不会对生态造成影响"和"一种生物灭绝会对生态造成影响"展开辩论，学生在辩论的过程中既能巩固新知，又能够体会到交流的快乐，久而久之，也就乐意去交流了。当然，教师作为课堂的组织者，对于问题的设计一定要精心准备，既不能脱离学生的认知实际，又不能过于简单，要让学生"跳一跳可以摘到桃子"。

2. 亲近学生：让学生敢想、敢说、敢问。

好奇是学生的天性，作为教师，不能一副"我是教师，我是权威，高高在上的样子"，那样的话，学生就会敬而远之。要亲近学生，让他们敢问、想问、爱问。随着年龄的不断增长，有的小学生已经具有了一定的基础知识，这些知识具有过渡性和延展性的特点，他们的认识也随之由经验型向思维型发展，学生对自然科学中的许多现象总会感到好奇，总想究根问底。例如，在教学"热胀冷缩"一课时，学生就会有"为什么气体的热胀冷缩现象比固体明显"

“高铁轨道为什么看不到明显的缝隙”等各种各样的疑问。在学生的这种好奇好问的心理作用下，学生的思维活动往往表现得很活跃，反映在课堂教学上，就是有不少学生常常与周围学生交头接耳或者不时发问。出现这种情况，许多教师往往会因为担心学生扰乱了自己的教学流程而加以阻拦，甚至对学生进行大声训斥，严重挫伤了学生的积极性，压抑了学生“说话”的愿望，久而久之，会使许多学生想说而不敢说。

有的时候，学生对某一问题感兴趣或者有重大发现，就会抢着说，还会提出各种错误问题，这样的课堂看似很乱，但“乱”的时候往往是学生思维最活跃的时候，这恰恰是我们所努力追求的。教师要正确引导，处置得当，要以鼓励为主，帮助学生进行科学合理的分析。

3. 精心预设：提高课堂交流的有效性。

提高课堂教学的有效性，精心预设是关键，因为有精心的预设，就会有精彩的生成。体现在交流方面，需要教师考虑好两点：一是选择的交流方式要适合该层次学生的年龄特征；二是学生对教师选取的交流方式比较认可与理解。比如，教学四年级科学“认识声音”一课，我先让学生说一说自己对声音的了解，然后给每组学生准备一种器材，让他们“制造”声音，但是不比哪组制造的声音大，而是比哪组制造声音的方法多，发现的现象多。这样的交流方式既有实践探究，又有交流反馈，学生兴趣浓厚，参与积极性高，科学探究效果好。

4. 优势智能：促使交流方式多样化

加德纳的多元智能理论让我们进一步认识了每个人都是独立的个体，每个人认识世界的方式方法不一样，这就要求教师在教学的过程中能够充分利用学生的优势智能。比如，在交流的过程中，有的学生不善于用语言表达，但是喜欢画画，那么就完全可以鼓励他用画图的方式进行交流。到了小学的中、高年级，教师还可以指导学生在简单画图的基础上绘制思维导图。不仅仅是画图，说、写、唱等也是交流的方式，只要应用合理，就能够起到事半功倍的效果。

总之，只要教师认识到课堂交流的重要性，能为有效交流营造良好的氛围，并能有意识地指导学生交流，长期坚持，一定能够有效提高学生分析问题的能力及语言表达能力。

6. 小学科学实验教学再思考

小学科学课与其他课的重要区别在于,学生要通过动手做来学习知识,实验是一种重要的学习方法。但是在实际的教学过程中我们会发现,由于学生的实验操作不规范或者对一些实验器材的使用不熟练,对使用原理不理解,实验没有能够达到预期的效果,甚至得出错误的结论。那么如何提高实验教学的效果呢?笔者认为实验器材的使用至关重要,下面就从以下几个方面来谈一谈本人的看法:

一、了解实验器材的使用原理,努力提高实验器材使用的规范性

人们常说,知其然才能知其所以然。在小学科学中,经常出现学生对实验器材的使用不规范等现象。究其原因,很大一部分是学生不了解实验器材的结构及特点,只是按照老师或课本中的操作要求去做,在操作的过程难免出现失误。实验表明,如果学生对实验器材比较熟悉,并能认识其工作原理,那么他们在实验过程中出现失误的概率就会减少。因此,在小学科学教学中,我们需要指导学生认识实验器材,对其结构组成和工作原理有一个初步的认识,这样学生在实验的过程中才会进一步关注其使用的规范性。例如,酒精灯的使用,规范的操作是使用其外焰给物体加热,但是在实际使用的过程中很多学生做不到,一会儿使用外焰加热,一会儿又使用焰心或内焰加热,随意性很强。教师也一直在强调,那么为什么还会出现这种情况呢?究其原因,是学生对为什么要使用酒精灯的外焰加热不理解。在这种情况下,教师可以先引导学生认识酒精灯的结构,特别是其火焰的特点,知道酒精灯外焰的温度是最高的,为了节省时间和节约能源,我们要使用外焰给物体加热。明白了其中的道理,学生在实验的过程中操作自然也就规范。由此,还可以拓展到使用蜡烛的外焰经物体加热等。又如,量筒的使用,量筒是一种比较精确的测量液体体积的仪器,学生首次接触是在三年级“比较水的多少”一课,对于如何读取量筒中液体的体积,课本上展示的图片提示学生眼睛要和凹液面保持平视,不能仰视,也不能俯视,但是在实际的操作中有学生做着做着就忘记了。对于这种情况,教师可以在学生实验的过程中,指导学生分别用平视、仰视、俯视的方法读取相同量的液体体积,让学生比较三次读取的结果有什么不同。在此基础上,教师可以用浅显的语言解释由于折射现象,仰视或者俯视读数会导致实验结果偏大或者偏小。再如,测力计的使用,其原理是弹簧在外力的作用下会收缩或者伸长,因此在使用之前,要对测力计进行归零的调整,目的就是让弹簧处于最初的状态,这是实验结果准确性的重要保证。小学科学中,像这样的器材还有很多,如显微镜、天平等,教师一定要让学生对其工作原理大概了解,在实验操作的过程中,学生才会自觉地规范自己的行为,提高实验数据的准确性。

二、引导学生正视误差,培养学生的实证意识

在小学科学实验教学中,经常会出现不同小组做同一个实验但是实验结果不相同的情况,有的数据差别很小,有的相差很大。遇到这种情况,教师需要引导学生进行客观的分析,让学生认识到实验结果存在差别的原因。对于实验数据相差较大,特别是某一两组数据和其他组相比差别大的,要思考实验结果相差大的原因,最好的应对方法就是指导出现问题的小组再做一次或者多次实验,让学生获取更多的实验数据,并且对实验数据进行有效的分析,这就是一个实证的过程。如果实验结果相差不大,同样也要指导学生分析,让学生认识到误差是客观存在的,我们可以努力使误差变小。教科版小学科学五年级下册“摆的研究”是一节非常经典的科学实验课,本节课要求学生通过对比实验认识到摆的快慢主要与摆长有关,而与摆幅大小、摆锤轻重等关系不大,但是在实验的过程中,有的学生会发现在研究摆锤轻重以及摆幅大小的时候,也会得出不同的数据。虽然数据之间的差别比较小,但是学生会认为即使是相差一次,只要有差别就证明摆幅大小和摆锤的轻重也会影响摆的快慢。在这种情况下,教师可以这样引导:我们研究摆锤的轻重,如果不同的小组在15秒钟之内摆的次数相差一次,照这样计算,30秒相差几次?60秒呢?再测量试试看。通过多次的测量,学生发现摆动30秒和60秒差别也只有一次,大部分学生就会认同误差存在的说法。在做这个实验时,还可以利用学生“先入为主”的心理,在汇报研究结果的时候,让学生先汇报摆的长短对摆的快慢影响的研究数据,然后再汇报摆锤轻重以及摆幅大小对摆的快慢影响的研究数据。在比较中学生就会发现,改变摆长,研究数据相差很大,很容易就能发现规律并得出结论;而改变摆锤轻重和摆幅大小,数据相差很小,就很容易接受误差的解释,并能正视误差的存在。科学教学中像这样的实验还有很多,如六年级“形状和弯曲”单元研究不同形状的纸拱承受压力的特点,研究影响电磁铁磁力大小的因素,不同液体流速的比较等,对于同一个实验,重复多做几次,目的就是在减少误差,但即使是减少,误差也仍是客观存在的。因此,在实验教学时,教师心中不要只想着正确的结果,更重要的是指导学生进行实证的过程,求得真实的结果,在这个过程中,实证意识的培养尤为重要。

三、寻找最优途径，努力提高实验结果的精确性

我们常说殊途同归，也就是说走不同的道路，最后都能到达同一个目的地。虽然基本的目标达到了，但是选择走不同的路，需要的时间、耗费的精力、完成的效果可能会有所不同，学习方法是否更为合理和有效也是我们教学的目标之一。因此，在小学科学实验教学中，指导学生寻找最优的途径，努力提高实验结果的精确性有着重要的意义。例如，如果提供一副三角板、一把直尺、一支铅笔和一根绳子等工具，要求六年级的学生测量一枚一元硬币的直径，可以采用什么方法？有的学生可能会用绳子先测量这枚硬币的周长，然后再通过计算求出硬币的直径。在这个过程中，先将绳子围绕硬币一圈，再用尺子测量绳子长度，最后再进行计算，步骤越多，最后得出的结果误差就会越大。还有的同学用一副三角尺分别紧贴在硬币的两侧（两个三角尺垂直于同一条直线），然后用直尺直接测量两个三角尺中间的距离，这样就可以直接得到硬币的直径。哪一种方法更科学呢？显然是后者。再如，“比较水的多少”一课，教学的前半部分教师引导学生想出各种方法来比较水的多少，在这些方法的基础上，出示测量液体体积的专用工具——量筒，让学生认识到测量和比较液体体积的方法很多，应该尽可能选择测量结果更准确的工具，量筒正是测量液体体积工具的优化。探究马铃薯的沉浮是先放土豆还是先放盐？液体热胀冷缩使用的玻璃管细的好还是粗的好？无论如何选择，都可以完成实验，而如何使实验效果更明显，更容易发现规律，更利于对科学概念的理解也是需要关注的。关注实验数据的精确性，需要教师在日常的教学活动中努力培养学生的优化意识，让学生认识到优化实验对于实验准确性的重要意义。对于低、中年级的学生，教师可以通过讲故事等形式给他们树立榜样。例如，科学家爱迪生在寻找灯丝的过程中，发现很多种材料都可以做灯丝，但是他仍然进行了无数次的试验，终于从成百上千种材料中找到了钨丝这种便宜、实用、持续时间长、效果好的材料。对于高年级的学生，教师要教给他们分析的方法，让学生学会合理比较，在比较中提高优化意识。

总之，指导学生进行科学实验和实践探究，是发展学生的科学思维的重要途径，也是他们不断建构科学概念的过程，在这个过程中，实验方法的科学性及实验器材的选择尤为重要。

第二篇

科学探究与思维培养

——案例设计与反思

第二篇

1．食物包装上的信息

一、教学背景及学情分析

随着社会的发展和人们生活水平的提高，人们对于食品也越来越关注，那么不同的食物中包含哪些营养物质？从食物的外包装上能够了解哪些关于食物的信息？这是我们购买或食用一种食品之前所关注的。本节课的教学，就是要指导学生学会阅读食物包装上的信息，以便有针对性地选择食物。

本课的教学对象为四年级的学生，他们对与生活密切相关的事物充满了好奇心，但是专注力不够集中，很多时候关注的仅仅限于表面现象。因此，本节课指导学生学会透过现象看本质，并聚焦对食品保质期及食物营养的研究。

二、教学目标

1．通过观察食品的包装，获取食品的有关信息。

2．在观察讨论的基础上，探究影响食品保质期长短的因素以及食物中配料的作用，并能根据实际生活需要，正确选择食品。

3．在观察食物包装信息的活动中，加强学生关注自身健康生活的意识，促进学生分析处理信息能力的提高。

三、教学重、难点

教学重点：

1．观察食品的包装，获取相关信息。

2．探究影响食品保质期长短的因素。

教学难点：

了解食品配料的作用。

四、教学准备

教师：白板课件。

学生：每人自带食品包装袋1个。每小组：牛奶的包装袋（塑料袋包装、纸袋包装、纸盒装或金属盒装）2个，食品添加剂介绍材料1份，观察记录表1份。

五、教学过程

（一）导入新课

1．师：课前，同学们搜集了自己喜欢的食物的包装袋，说一说你搜集的是哪种食物的包装袋。

2. 师：你们对食物的包装上的信息有哪些了解？

3. 师：食物包装上除了有食品的名称外，还有很多信息，学会阅读包装袋上的信息也是一门学问，今天我们就一起来研究食品包装上的信息。（板书课题）

（设计意图：由学生自己喜欢的食物包装袋导入本课要研究的内容，容易激发学生的学习兴趣，引发他们探究的欲望）

（二）探究新知

1. 观察食品包装上的信息。

（1）师：请同学们拿出自己带来的食品包装袋，以小组为单位，仔细观察食品的包装，看一看能发现哪些信息，再说给小组内的同学听一听，比一比谁发现的信息多。等会儿汇报的时候，看一看哪一组发现的信息最多。

（2）学生活动。

（3）学生汇报，教师相机板书。（挑选主要的内容板书，其他的内容通过电子白板呈现。如果学生汇报的仅仅是文字和图片信息，教师还可以引导学生观察其他相关信息，如包装袋使用材料的不同、包装的方法不同等）

（设计意图：本环节是本课教学的一个重点，由于食品和学生的生活密切相关，所以大部分学生平时对包装袋上的信息了解较多，本环节让学生把发现的信息说给小组同学听，充分利用了学生善于自我表现的心理。另外，对于学生容易忽略的包装袋材料及包装方法的不同等信息，教师有必要引导学生去观察，这也是培养学生全面观察能力的一种方法）

2. 研究食品的保质期和配料的作用。

（1）师：如果从健康、安全的角度出发，我们在购买食品时，最应该关注哪些方面的信息呢？

（2）师：食品包装上的信息都很重要，对于许多消费者来说，在产品合格的时候，大家最关注的还是生产日期、保质期和食品的配料。

（3）师：由于时间关系，今天这节课我们就选择关于食品的配料问题进行研究，其他问题下节科学课再接着研究。

（4）师：我们怎样来研究食品的配料问题呢？（手拿火腿肠、饼干、饮料）大家看，一拿起火腿肠，我们就想到它的主要成分是什么？它还可能含有什么成分？在这些我们熟悉的食品里面到底包含着哪些成分，会不会藏着我们怎么想也想不到的东西呢？这些可都是要吃进我们肚子里去的，我们应不应该搞清楚？怎样才能准确地知道呢？（目的是让学生明确研究的方案，对于四年级的学生，在这一方面还需要进一步引导）

（5）学生交流，进一步明晰研究方法。（课件出示要求：每组两种食品，每两人一组，任选一种食品，先猜测一下它的配料里有哪些成分，然后再找到它的配料表并统计在表格中，请标上序号。如果发现让你觉得陌生的、意想不到的配料，就用笔把它的名字圈出来）

(6) 小组开展研究，教师巡视。

(7) 学生汇报。

学生汇报食品配料后，教师分别出示火腿肠、方便面、饮料配料统计表，让学生说一说有什么疑惑。

(8) 学生质疑，分组讨论推测。

(9) 师：事实究竟是怎样的呢？老师这里有一些资料卡，读一读，相信对你们的研究将会有所帮助。

(10) 学生自行阅读关于食品添加剂的材料，教师提醒学生将自己的感受写在研究记录表对应栏目内。

(11) 交流。对于个别学生的比较极端的看法，如所有添加剂对人体都是有害的等，教师适时引导，教育学生要辩证地看待问题。（课件出示：向食品中添加添加剂时，应严格按照国家颁布的标准执行！教师举例：像几年前发生的三鹿奶粉事件以及苏丹红事件，都是在食品生产的过程中违规加入了一些国家明令禁止的添加剂，才产生了严重的后果。如果按照国家要求的种类和数量添加，对人的健康就不会有太大的影响）

(12) 师：你们在校外小摊点上买过食品吗？老师这里有一段视频，请同学们看一看，你有什么想对大家说的？

(13) 学生自由发言。

（三）拓展应用

1. 师：了解了食品包装上的信息，特别是详细研究了食品的配料问题，我们在以后的购物中不能再盲目了。同学们能把我们今天学习的知识应用到生活中吗？现在就请你帮小明解决一个问题。（课件出示问题：小明一家四口暑假外出旅游，奶奶有糖尿病，出示供选择的不同包装、不同保存条件、不同保质期的牛奶，各种饼干、面包、方便面、矿泉水等）

2. 小组讨论如何帮小明选择食品。

3. 让学生到白板前操作，充分利用白板可以随意拖拽的功能，把相关食品移动到指定的方框内。

4. 加强食品安全教育。

六、教学反思

“食物包装上的信息”是教科版小学科学四年级下册“食物”单元的最后一课，隶属于“生命”板块的教学内容，与学生的饮食健康密切相关。在学习本课之前，学生已经了解了人体需要哪些营养，怎样才能做到均衡饮食，以及食物在什么情况下容易变质,如何控制食物的变质速度等内容。本节课重点引导学生探究食品配料的构成,初步了解食品添加剂的作用。教材安排了三方面的教学内容,分别是:观察食物包装袋或包装盒,调查了解食品的配料,比较几种食品的保质期。如果要在一节课的时间里完成全部内容的教学,会有一定难度。因此,我在带领学生研究的过程中有所侧重,把“调查了解食品的配料”作为研究的重点,力求研究深一些、透一些。在教学过程中,关注学生科学兴趣的培养,引导他们体验科学活动的过程与方法,在活动中感受健康饮食的重要性。具体地说,本节课的教学主要体现了以下几个特点:

1. 有效整合利用教材,凸显探究健康饮食之旅。

“食物包装上的信息”一课,教材共呈现了三个活动:一是观察食品包装袋或包装盒上的信息;二是调查了解食品的配料;三是比较几种食品的保质期。按照教参的安排,一般都是用一个课时同时完成这三个活动。由于时间关系,对于第二、第三两个活动,有的教师是让学生任选一个问题进行研究,也有的教师是淡化、简略处理对食品配料的调查研究。这样的处理,从理论上可以达到“让学生知道食品的配料很丰富,有营养成分还有一些添加成分”这样的目标。其实这里还蕴藏着另外一个非常好的教育契机,值得关注和深究,因为“配料”这个话题不同于一般的科学探究,它与学生的现实生活密切相关。

对于四年级的学生来说,花花绿绿的加工食品正深深地吸引着、诱惑着他们。学生都有单独选购这些小食品的经历。选购时他们只关心自己喜欢吃什么(食品名称),而对于吃进肚子里的究竟都有些什么(完整的配料,尤其是食品添加剂)则极少关注。同时,过多食用这些小食品已经给许多学生的饮食习惯、身体健康带来了或多或少的影响,家长、老师的管教又常常显得苍白无力,现在的食品安全又令人非常担心,所以,如何真正地从心理上打动学生,让他们学会科学地选购、消费这些加工食品就显得尤为重要,迫切需要一堂饮食健康教育课。

而本课的第二个活动——调查了解食品的配料,先对配料进行调查,然后关注食品添加剂,进而对加工食品安全进行思考,引发他们质疑,最终获得科学认识。如果浅尝辄止,实在可惜。因此,我将本课的教学分两课时进行。今天展示的是第 1 课时:关注包装袋上的信息,调查配料表,走近食品添加剂。第 2 课时再探究影响食品保质期的因素。

2. 精心设计教学思路,彰显科学探究本质。

由对配料的调查到对食品添加剂的认识是本课的一个中心活动,学生经历了“搜集信息—发现问题—大胆猜想—查阅资料与收集证据—总结交流获得科学认知—树立科学消费加工食品的生活观念”这样一个典型的科学探究的过程。整个过程遵循了学生认知事物的基本规律,他们在体验科学探究乐趣的同时更获得了一次锻炼思维能力的绝好机会,课堂彰显出了浓浓的科学味。从学生的生活中来回到学生的生活中去,教育的意义不言而喻!

3. 找准学习兴趣点,关注学生的内心体验。

兰本达教授曾提到:如果学习没有感情上的因素,有哪种学习会对学习者有意义呢?这句话一直萦绕在耳边,时刻提醒我们在设计探究活动时要努力用一个个意想不到的现象去吸引学生,激发他们的好奇心,提出问题,让他们带着好奇心投入探究活动中去。

在本课的教学中,我让学生完整地去统计自己本以为很熟悉的食品的配料,目的就是想让他们感触更深,因为实在没想到自己竟吃下去了这么多的不知名的东西……很显然,眼前的事已触动了他们的心灵。在接下去的质疑、猜测、阅读资料、分析小摊食品、再次展示购物等活动中,学生各抒己见,不时发出感慨。很显然,他们已带着感情投入眼前的活动之中,这与简单地看一看、说一说获得的结果是完全不一样的。而白板、视频等现代教学媒体的恰当运用更使学生的注意力高度集中,不但有效地突破难点,更利于激发学生关注的兴趣,引起他们情感上的共鸣。

4. 一点思考。

对配料中食品添加剂的看法,部分学生在阅读了相关资料后,产生了明显片面的看法,即如果看到配料表中食品添加剂的种类比较多,就认为这样的食品对人体是有害的,购物时应该拒绝。对于这种看法,我只是引导说适量的食品添加剂不影响健康安全,而对于到底什么是适量,学生不太好把握,应该用更具体形象的策略对学生的消费观念进行引导。比如,尽量选择添加剂少的食品,要选择正规厂家生产的等。

2. 生活中的食品添加剂（科普阅读指导课）

一、科学教育理论指导

1.《小学科学课程标准》指出：小学科学课程是以培养学生的科学素养为宗旨的科学启蒙课程，培养学生对科学的兴趣，帮助他们了解科学、技术与社会的关系，认识到科学与生活的密切关系，更好地关注自身的健康，树立珍爱生命的意识，并能够应用所学习的科学知识改变生活方式，从而提高生活质量。

2. 教育是为了每一位孩子更好地生活，关注身体健康，珍爱生命，是教育的最终目的。

二、生命科学领域教学内容与教学方法梳理

多样的生物（现状调查法、信息搜集法、小组讨论法）；

生命的共同特征（现状调查法、信息搜集法、实验探索法、小组讨论法）；

生物与环境（模拟创造法、角色扮演法、现状调查法、信息搜集法、小组讨论法）；

健康生活（现状调查法、信息搜集法、小组讨论法）。

三、学情分析

本课的教学内容属于“生命科学领域”的“健康生活”板块，内容的选择贴合学生的实际情况，因为随着生活水平的提高，各种各样的小食品都出现在了学生面前。食品添加剂是食品配料中重要的组成部分，但大部分的学生对于食品添加剂还比较陌生，他们在选购食品的时候也很少关注食品添加剂的问题。在信息时代，经常发生因食品添加剂问题而引发的大讨论，作为教育者，有必要让学生去关注这样的讨论，关注自身的生命安全。安排这样的教学内容，对于小学生来说，略显抽象，但只要教师科学地引导学生去观察、记录和分析，学生对这一类课型还是很感兴趣的。本节课的教学内容安排在学生对食品的包装有初步认识的基础上，针对的对象是四年级或五年级的学生。

四、教学目标

1. 通过阅读食品的包装信息，获取食品添加剂的相关信息。

2. 在阅读资料、观察讨论的基础上，探究食品添加剂的种类及对人类生活的影响。

3. 加强学生关注自身健康生活的意识，促进学生分析处理信息能力的提高。

五、教学重、难点

教学重点：

1. 收集食品包装上关于食品添加剂的信息。

2. 初步学会给食品添加剂分类。

3. 探究食品添加剂对人类健康生活的影响。

教学难点：

了解食品添加剂的作用，利用学习的知识科学、合理地选择食品。

六、教学准备

教学课件，食品添加剂阅读资料，部分食品包装袋。

七、教学过程设计

（一）导入新课

1. 师：上一节课我们认识了食品包装上的信息，大家重点研究了食品的保质期和配料问题，但是对于食品配料中的食品添加剂我们还比较陌生，能说一说你所知道的食品添加剂吗？

2. 学生凭生活经验说出自己所知道的食品添加剂名称。

3. 师：看来同学们已经了解了一些，为了对食品添加剂有更全面的认识，这节课我们就来研究这个问题。（板书课题）

（二）初步认识食品添加剂

1. 以小组为单位，找出食品包装袋“配料表”中的食品添加剂，并进行记录。然后在小组的同学之间进行交流。再以小组为单位，在班级进行汇报。

（1）师：请同学们拿出自己带来的食品包装袋，以小组为单位，仔细观察配料表中的食品添加剂，看看能发现哪些信息？再说给小组内的同学听一听，比一比谁发现的信息多。然后再进行简单的记录，等会儿汇报的时候，看一看哪一组发现的信息最多。

（2）学生活动。

（3）学生汇报，教师相机板书。（板书：说一说）

（4）师：同学们刚才交流了所记录的各种食品添加剂的名称，那么你们知道它们的作用吗？

（5）学生汇报。（了解学生的前概念，便于有针对性地进行下一环节的教学）

2. 发放关于食品添加剂的阅读材料，学生初步认识几种常见的食品添加剂。

3. 汇报、交流认识的食品添加剂。

4. 尝试给记录表中的食品添加剂分类。(板书: 分一分)

(三) 认识食品添加剂对人类生活的影响

合作学习,讨论食品添加剂的利与弊。

1. 师: 如果从健康、安全的角度出发,我们在购买食品时,是否要关注配料表中的食品添加剂? 请同学们在小组内展开讨论。(板书: 辩一辩)

2. 学生小组活动。(尽量统一意见)

3. 以小组为单位,在班级内展开讨论。

4. 师: 同学们对食品添加剂的问题进行了比较深入的探讨,发现食品添加剂和我们的生活密切相关,我们不能坚决排斥,但也不能不加以关注。摄入过多的食品添加剂,如防腐剂、着色剂、增稠剂等,会给我们的身体健康带来一定的影响。所以,选择食品时一定要根据自己的实际需要,从健康的角度加以关注。

(四) 拓展应用

设置与食物选择相关的模拟情境,运用所学知识解决问题。

(五) 课后作业

课件出示课后作业: 通过大量的资料阅读,进一步认识食品添加剂,然后以"走进食品添加剂"为主题,每组设计一份手抄报。

八、教学评价设计

课程标准指出,小学科学课程评价的目的主要是了解学生实际的学习和发展状况,最终实现课程宗旨,即提高每个学生的科学素养。基于这一指导思想,在教学"生命"单元,特别是教学本课的内容时,评价应指向教学目标的达成,特别是情感、态度、价值观目标的达成,关注学生是否关注健康饮食问题、是否能够以多种方式来获取信息、是否能够与他人合作。同时,还要关注评价的主体性,既有个人评价,又有小组评价、教师评价和家长评价。

九、设计特色及反思

本课教学内容的选择符合当前的社会实际,引导孩子进一步关注生活、关注生命健康,这也是小学科学课的重要教学目标之一。

围绕科普阅读选择的教学方法切合学生实际,先后应用现状调查法、信息搜集法、小组讨论法等教学方法,让学生在对事实进行理性分析的基础上,认识食品添加剂对人们生活的影响。整个教学设计流程符合学生的认知规律,同时也有利于激发学生的学习兴趣。

3. 光和影

一、教材分析及学情分析

“光和影”为教科版小学科学五年级上册“光”单元的教学内容，本课内容分为两部分：认识光源和探究影子的变化。教材先以影子游戏导入，通过引导让学生找出影子产生的条件，而后揭示什么是光源，最后通过三个活动探究影子的特点。

五年级学生的观察、动手能力相对较强，也经历过探究过程，对于影子的产生和特点积累了不少经验，但他们对影子变化规律的认识模糊，因此有必要通过教师的指导，实际地去观察、发现其中的规律，在完善概念的过程中体验科学方法。

二、教学目标

1. 认识光源的概念及影子产生的条件。

2. 探究影子形状、方向与光源、遮挡物之间的关系。

3. 在探究活动中发现光的奥秘，激发学生的好奇心，帮助他们养成严谨、细致、实事求是的学习态度。

三、教学准备

教师演示：有窗帘的教室、演示影子形成及其变化的箱子、长方形木块等。

分组实验：手电筒、4 开的白纸、小木块、铅笔、尺子。

四、教学过程

（一）激趣引入

1. 师：同学们玩过手影游戏吗？你们会做哪些手影？谁上来给大家展示一下自己的手影？

（学生展示自己的手影，引导学生思考需要哪些器材，如用手电筒代替阳光，然后根据学生的表演验证影子产生的条件）

2. 师生验证影子产生的条件：光、不透明的遮挡物、光屏。同时揭示课题。

（二）探究新知

1. 认识光源。

（1）师：光是产生影子的主要条件，大家在平时见过哪些发光的物体？

（2）学生汇报。

（3）PPT 出示一组图片，学生思考：这些看似能发光的物体，有什么不同的地方？

（4）师生总结：手电、太阳、发光的蜡烛等能自己发光，像这样能够自己发光的物体叫作光源。镜子、月亮不能自己发光，所以不是光源。

2. 探究影子的变化特点——长短、方向和大小的变化。

（1）活动一：制造木块的影子。

① 师：老师为每组准备了一张白纸、一把手电筒和一根小木块，请你们在白纸上制造出小木块的影子，并在白纸上画出来。

② 学生活动。

③ 通过实物展台展示学生制造并画出来的影子。

（学生发现虽然每组的实验材料都相同，但是每组制造的、相同木块的影子却不相同，进而产生疑问：影子的长短、方向、大小究竟与什么有关系？并进行大胆的猜测，将探究活动引向深入）

（2）活动二：给同一个物体制造不同的影子。

① 明确要求：用相同的材料，制造同一物体（提供的木块）的不同的影子。（小组可以自由选择：影子的大小、形状、方向的不同）

② 小组选择、讨论、展开探究活动，教师参与活动。

③ 小组汇报（重点汇报制造影子的方法，同时利用实物展台展示所画的影子），教师根据汇报相机板书：影子大小与光源和遮挡物的距离有关；影子形状随着光源位置的改变而改变。

（以上两个活动同样都是制造木块的影子，但是"活动二"要求学生制造的同一个物体影子的大小、形状、方向要，是对"活动一"的深入探究。目的是逼着学生自己去想办法探究，避免了课本上"牵着学生的鼻子走"，让学生一个实验做完再接着做另一个实验，学生的学习缺乏主动性。本环节所采取的"任务驱动式"教学方法，把任务抛给学生，让学生明晰学习目标，变"要我学"为"我要学"，充分发挥学生的主观能动性）

3. 揭示投影的概念并出示图片，介绍投影在生活中的应用。

（1）出示交通标志、洗手间标志投影图。

（2）学生说一说生活中的投影现象。

（三）回顾与总结

1. 引导学生回顾影子的变化规律。

2. 再次做一做影子游戏，验证一下实验探究发现的规律。

五、教学反思

1. 遵循"用教材教而不是教教材"的指导思想，围绕教学目标，对教材进行有机整合和有效取舍。对于第二个探究活动，“你能用以下材料制造出同一物体不同的影子吗？把每次制造的影子用不同颜色的笔画出来，并说一说你们小组是怎么做的。”在动手活动之前，一定要引导学生去思考，让学生明确活动的目的，并能够对同一物体的不同影子进行比较，这样才不至于出现“课堂热热闹闹，结果一无所获”的低效课堂。

2. 关注学生发散思维的培养。动手之前先动脑，课堂中，给学生充足的时间，让学生根据现象进行猜测，处处引导学生自主探究，避免被动填塞。

4. 吹泡泡的学问(自编内容)

一、设计意图

吹泡泡是儿童最喜欢玩的游戏,将吹泡泡设计成一节有趣的科学探究课,变简单地吹泡泡为通过吹泡泡发现问题,并能够在教师的指导下解决问题,进一步激发学生的探究兴趣,提升学习品质。

二、学习目标

1. 学会配置吹泡泡的溶液,并在科学活动探究中认识到泡泡的大小及持续时间长短与多重因素有关,与泡泡液的配置有很大关系。

2. 学会提出问题并分析问题,从众多的问题中筛选出适合自己研究的问题。

3. 在观察、研究活动中,培养学生留心观察、敢于提问、善于选择问题、乐于合作与交流、乐于探究的行为。

三、重点、难点

学会配置能够尽可能使泡泡大一些的泡泡液,学会控制变量。

四、教学对象

四年级学生。

五、材料准备

洗洁精、甘油、胶水、白糖、水、吸管、注射器、滴管、烧杯、玻璃棒(或一次性筷子)、泡泡大小简易对比板、毛巾、记录表。

六、学习过程

(一) 导入新课

1. 师:同学们喜欢吹泡泡吗?老师今天也准备了两杯泡泡液和两根吸管,谁愿意上来试一试?(学生上台尝试吹泡泡)

2. 师:请大家仔细观察,你有什么发现?(学生汇报发现)

3. 师:关于泡泡,你想研究什么问题呢?

在学生提出各种问题的基础上,选择其中大部分学生都想研究的问题来研究。(教学中发现学生对如何把泡泡吹大最感兴趣,根据本节课准备的器材,愿意研究“洗洁精和水量与泡泡大小的关系”的学生多一些)

(二) 活动探究

1. 探究洗洁精及水量多少与泡泡大小的关系。

(1) 师:要想进行这个研究,需要哪些材料呢?如何利用这些材料进行研究呢?

(2) 小组学生商讨。

(3) 教师巡视指导,重点让学生认识不变量和变量等因素。水的量不改变,改变的是洗洁精的量。还要让学生认识到其他的量都要相同,如吹的力量的大小、吸管角度等,吹一次不行,多吹几次。(出示对比板)

(4) 小组合作,开展探究。

(5) 汇报、总结。

研究发现并不是洗洁精加得越多泡泡就越大,在 20 摄氏度左右的常温下,水是洗洁精的 3 倍或者 4 倍的时候,吹的泡泡最大。

2. 再次探究能够把泡泡吹得更大的方法。

(1) 师:今天老师还给同学们带来了几种物质,咱们先来认识一下。(课件出示:白糖、甘油等)

(2) 选择其中的一种物质加入你们刚才能够把泡泡吹得最大的那一杯泡泡液中,充分搅拌后再吹一吹,泡泡会不会有变化呢?

(3) 学生商量后选择材料,再次实验。

(4) 学生汇报。

(三) 活动拓展

1. 阅读小知识:为什么加了胶水或者甘油、白糖后泡泡会变得更大了呢? 原来在泡泡溶液里加进一些物质,这些物质可以减缓水的蒸发速度,我们把这种具有收水性的物质叫作吸湿物。而甘油、胶水、白糖等物质可以减缓水的蒸发速度,让泡泡大一些,在空气中停留的时间更长一些。

2. 课堂小结:小小的泡泡,包含着许多的科学道理,请大家在课后继续研究还有没有其他方法可以让吹出来的泡泡更大些。在下周的科技节中,我们将举行吹泡泡比赛,老师期待大家的参与。

七、教学反思

本节课属自编内容,教学对象为四年级的学生,也可作为科学拓展课来教学。本节课在教学中有以下几点值得关注:

1. 材料选择。本课的活动应该说学生都比较感兴趣,他们能够通过教师提供的材料制造出大小不同的泡泡,但是如何比较泡泡的大小呢? 本节课我利用泡沫板、自带方格的写真纸自制了泡泡大小简易对比板,容易操作、直观明了。

2. 在活动中关注学生探究活动的规范性。对于四年级的学生来说,对在实验中如何控制变量和不变量意识还不强,而探究实验的规范性也是本节课教学中不可忽略的目标,因此学生活动中,最需要教师引导的也在于此。

5. 研究磁铁

一、教学内容及学情分析

“研究磁铁”是教科版小学科学三年级下册的教学内容。本节课教学内容具有较强的探究价值，能够使学生充分经历探究的过程，训练其思维，同时可以逐步培养学生良好的实验习惯，激发学生探究问题的兴趣，提高他们探究问题的能力。

三年级的学生对磁铁已经有了一定的了解，比较感兴趣，但对于磁铁的一些性质还处于认知模糊的阶段，或许仅仅是停留在磁铁能吸铁这一层面上。为此，通过本课的学习，一方面，让学生对磁铁有一个较全面、深入的认识；另一方面，着重引导学生能关注身边常见的一些事物、现象，平时能多问自己几个为什么，能自觉地展开一些研究内容。

二、材料准备

教师：魔法棒一根，大的用于演示的条形磁铁、蹄形磁铁、环形磁铁、小磁针。

学生：条形磁铁一对，蹄形磁铁一块、小磁针一对、烧杯、水、回形针、大头针、细线、铁架台、木块、纸片、铁片、钥匙硬币等。

三、教学过程

（一）激趣导入

1. 教师出示自制的魔法棒，进行表演（运动的飞碟），激发学生兴趣。

师：孙悟空有金箍棒，老师也有一根魔法棒，同学们想看一看吗？

生答。

师：老师的魔法棒上安装了一个小飞碟，我能够使用魔法让它动起来（表演）。

2. 师：飞碟为什么会运动呢？请同学们猜一猜。（大部分的学生都能够猜测到是磁铁的“功劳”）

3. 教师揭秘。

4. 师：关于磁铁，你了解它的哪些秘密呢？（教师根据学生的汇报，相机进行板书：有南北极、能吸铁、指示南北、同极相斥、异极相吸）

5. 师：同学们对磁铁了解得真多！想不想动手玩一玩磁铁？这节课咱们就来研究磁铁。（板书课题）

（二）活动探究

1．探究磁铁的基本性质。

（1）师：你们准备研究磁铁的什么性质？准备怎样研究呢？需要哪些材料呢？请小组的同学讨论讨论。

（2）学生汇报。

教师重点引导学生要把话说清楚。（如使用什么材料，准备怎么做）

（3）师：老师也为同学们准备了一张学习记录单。（多媒体出示，这里给同学们提供了两个研究方向，也是刚才有同学说到的，希望对同学们的研究有所帮助，并在实验过程中及时记录，如果同学们还有其他的发现，请写在后面的空地方）

（4）学生分组探究，教师进行指导。

（5）学生汇报，教师相机板书。

2．进一步认识磁铁可以指南北。

（1）师：同学们的研究很成功，老师这里有一个小磁针（出示指南针），我把它放平在一根钢针上，请大家仔细观察，它有什么特点？（指南北）那其他的磁铁是不是也像指南针一样指示南北呢？

学生猜测。

我们可以用什么方法来验证一下咱们的假设呢？

（2）在学生讨论的基础上，教师讲解“悬浮法”“悬挂法”。教师请学生上台动手操作。（相机板书：指南北）

（3）科学阅读：地球本身就是一个磁场，地球的北极在地理的南极附近，地球的南极在地理的北极附近。这样，磁铁的南北两极就和地球的磁极在一个方向了。

3．拓展。

（1）师：关于磁铁，同学们还有什么问题想研究的吗？

（2）师：磁铁和我们的生活联系非常密切，哪位同学说一说，你在哪些地方看到过磁铁？

（3）再次出示课堂伊始的玩具，鼓励学生利用磁铁的性质自己制作玩具。

板书设计

研究磁铁

吸铁	（隔着物体也可以）
两端磁力强	（两极）
指南北	南极（S） 北极（N）
同极相斥	异极相吸

四、教学反思

1. 兴趣是最好的老师。对于小学生来说,他们喜欢做自己感兴趣的事情,本节课教师以"魔法棒"引入,引发质疑和猜想,激发了学生的求知欲,为后续教学营造了良好的氛围。

2. 正视教学中出现的问题。教学需要预设,更需要生成。教学中总会出现这样或者那样与教学预设不符的事实,如本节课对于两极磁力强弱的探究,有的小组结论与其他组不同。对此,教师不应该武断地下结论,而是要面对事实,指导学生合理地分析、思考,如果是错误的结论,要共同找出错误的原因。对于小学科学课而言,思维的过程往往比结果更重要。

6. 比较水的多少

一、教材及学情分析

“比较水的多少”是教科版小学科学三年级上册的教学内容。本课有四个探究活动，分别是“比较水的多少”“比较水多多少”“认识和使用量筒”“估算液体体积”。通过一系列的探究活动，让学生在比较水的多少、多多少的过程中，重现量筒的发明过程，认识到测量需标准工具，明确用标准单位测量使信息交流成为可能。

三年级学生刚接触科学探究活动不久，对科学探究充满兴趣，乐于发现问题并想办法解决问题。本节课以学生的生活实际为基础，以比较水的多少为主线，以探究活动为重点，引导学生通过多种方法比较水的多少、多多少，进而培养学生探究并解决问题的能力。

二、教学目标

1．通过比较水的多少的活动，让学生经历猜测、验证、测量的探究过程，培养学生发现问题、解决问题的能力。

2．知道液体有体积，并且体积是可以测量的。量筒是一种标准化的测量工具，学会使用量筒。

3．在比较活动中培养学生不断质疑、精益求精的科学精神。

三、教学重、难点

教学重点：量筒的认识和使用。

教学难点：在比较水的多少和多多少的活动中，构建“液体体积多少”的概念。

四、教学准备

教师：

1．课件：和学生相同的2只瓶子（里面的水分别有100毫升，90毫升），板书的相关图片（描粗放大、加画记号），小毛巾，科技娃奖章，实验记录表（学生实验1张，教师准备1张大的，贴于黑板上），上下一样粗的玻璃杯1个，10毫升的小瓶子40个，500毫升量筒1个，小凳子。

2．材料区：一次性杯子（大小不同，30个）、记号笔、瓶子（18个）、天平（放于桌下）、漏斗（11个）。

3. 隐蔽地方：100毫升量筒(12个)。

学生(每组)：2只盛有不同水量的瓶子，1个信封(里面装有1张记录表)，自带部分饮料，如牛奶、矿泉水等。

五、教学过程

(一) 导入新课

1. 师：今天，咱们宿豫张家港实验小学的科技娃新新遇到了一个难题，你们愿意帮帮他吗？我们来看看他遇到的难题：(出示两幅图)1号和2号两瓶水中，哪一瓶多一些呢？你能帮助他比较一下吗？(板书课题)老师也为每组准备了这样的两瓶水，仔细观察，猜猜看。

2. 学生猜测。

3. 师：请小组汇报一下你们的猜想。哪一组先来？

(学生汇报)教师在对应序号上打标签。(追问学生为什么这样猜)

4. 师：现在有不同的猜想了，猜测____号瓶里水多一些的小组最多，那我们能不能少数服从多数，就说____号瓶里的水最多？

生答。

5. 师：不行？为什么不行？

生答。

师：说得非常棒，说明你能够认真思考、爱动脑筋，奖励你一枚科技娃奖章。

6. 师：是呀，仅仅靠猜测是不行的，我们必须通过科学的观察和实验来证明自己的猜测。那么你们准备用哪些材料、什么方法来证明自己的猜测呢？小组的同学商量一下。(出示投影片)(板书：比多少)

(二) 讨论方法，验证猜想

1. 师：现在请同学来汇报一下。

2. 学生汇报，教师根据学生的汇报，相机板书。

(预设：学生可能会说用同样大小的两个杯子或瓶子比，教师要说“用同样大小的瓶子来比水的高度”；学生说用一个杯子，这是画记号；学生说用手掂一掂或者把瓶子放在尺子的两边，教师要说这是比重量，这时教师可以适时出示天平，然后把两瓶水直接放在天平上，反问学生行不行，让学生明白必须使用相同的杯子，然后教师再出示两个相同的一次性纸杯)

3. 师：同学们真了不起，想出了那么多的方法(板书：省略号)。那么在这些方法中，你认为哪一种方法比较简便呢？

学生汇报。

4. 师：今天老师只给每个小组一个杯子、一支笔，就用这两样材料，同学们能不能比较出哪瓶水多，哪瓶水少呢？

5. 师：你认为在做这个实验之前，还有什么需要提醒同学们注意的吗？

6. 学生汇报。

师：说得真好，老师也是这样想的，老师还给同学们提了两点建议（出示多媒体课件）。

7. 师：现在就请每组的材料员根据你们小组选择的方法，到材料区领取材料。做完实验后，再把材料放回材料区。

学生实验，教师巡视指导。

8. 师：下面来汇报一下我们的实验结果吧。

学生汇报，教师总结：看来只有通过实验才能证明我们的猜测是否正确。

（三）用量筒测量水的多少

1. 师：刚才同学们运用了各种各样的方法来比较，都得出了"2 号瓶里的水比 1 号瓶里的水多一些"这一结论，可是科技娃新新还想知道 2 号瓶里的水究竟比 1 号瓶里的水多多少。（板书：多多少）我们怎样解决这个问题呢？小组的同学商量商量。

2. 学生思考并汇报。

预设学生选用的方法。方法 1：用尺子量。师：为什么用尺子可以量出来？（尺子上有刻度）怎么量？如果我把他们小组的杯子换成这个杯子（手举大杯子），你们认为是多少厘米？由于杯子的高矮和粗细不同，用尺子量不能够准确地描述 2 号瓶比 1 号瓶多多少水，老师这里还有一组图片，是其他班级同学做过的实验，他们用尺子在相同的杯子上画刻度，可还是出现了不同的测量结果，这是为什么呢？对呀，格子距离的大小不同、刻度的起点不同都会影响测量结果的精确性。方法 2：用瓶盖或杯子测量，如果多了半瓶盖（半杯），是多少呢？你可以怎样来描述呢？学生汇报。

3. 师：同学们想出了这么多办法，真了不起。这些水是多少呢？要想得到准确的数字，一位新朋友愿意帮助我们。（出示量筒）谁知道它是什么？老师给同学们提供的量筒是玻璃做的，所以同学们一定要轻拿轻放。

4. 师：现在，就请每组的材料员上来领取一个量筒，仔细观察量筒长什么样子，上面有些什么。比一比，哪一组发现的秘密最多。

5. 学生分组观察量筒。

6. 师：下面来汇报一下我们的观察结果。（相机板书：毫升、刻度）教师相机出示投影片。（预设：有刻度。教师应追问：你知道刻度的单位是什么吗？刻度有什么特点？你知道每大格有多少小格吗？最大能测量 100 毫升，最小是 10 毫升。你知道每小格代表什么吗？展示幻灯片）

7. 师：那你知道量筒怎么使用吗？让我们来听听科技娃新新是怎么说的。

播放录音，出示画面（以学校科技娃卡通形象新新提醒学生量筒使用方法，拉近与学生的距离，学生更易于接受）。

8. 师：听明白了吗？出示投影，看一看这里哪一种读法是正确的。

学生回答。

师：是呀，读数时我们眼睛的视线要与液体的凹液面保持水平。

9. 学生用正确的方法测量1、2号瓶里的水。

10. 分析测量结果，对于测量结果和其他组差别比较大的小组重点分析。（引导学生通过分析认识，如果和其他组的数据差别很大，就应该重新实验找原因，存在微小的误差是正常的）

11. 使学生认识要根据液体的多少选择合适的量筒。

师：（出示将60毫升的水分别装在500毫升和100毫升的量筒里）这里有两个量筒，里面的水有多少毫升呢？请同学来读一读。

总结：在测量液体时，我们应该根据液体的多少选择适合的量筒。

（四）联系生活，拓展应用

1. 估测液体体积。

（1）师：在日常生活中，我们经常需要了解液体的体积。课前，老师布置同学们带了一些瓶装的牛奶或饮料来，现在请拿出来，小组同学一起观察包装盒上有没有告诉我们它的体积，然后拿到前面展示一下，告诉大家它的体积。

（2）师：现在，老师想考考你们了。（出示饮料瓶：小瓶矿泉水、牛奶等）我这里有几瓶饮料，你能猜出它大概有多少毫升吗？咱们比一比，哪一组猜得最接近。

（3）师：怎么样才能猜得快、猜得准呢？那就是要学会多观察、多比较。

2. 布置作业。

用教师为每组提供的10毫升的小瓶子，将一个一次塑料杯做成量筒。

六、教学反思

1. 合理整合教材。

“比较水的多少”一课是教科版三年级上册第四单元“水和空气”中的教学内容，教材安排了三组实验，分别是比多少、多多少、使用量筒。对于三年级的学生来说，教学的内容显得较多，如果三个实验都让学生亲自动手操作，估计课堂上是完不成的。在教学第二个环节“自制量杯测量水的多少”这一环节时，我第一次试教的时候，有学生提出来可以用有刻度的杯子来比较水多多少的问题，我就让学生动手画刻度尺，然后贴在杯壁上，结果发现由于杯子的高矮和粗细不相同，测量的结果不准确。这一环节设计得非常好，但是由于三年级的学生年龄偏小，这一环节足足花费了15分钟的时间，结果后面的教学重点“如何使用量筒”就没有时间讲了。因此，我将这一环节改为由教师事先在不同杯子上贴上刻度，既节省了时间，又达到了预期效果。让学生在发现错误的过程中，反向厘清正确的刻度杯应该是怎样的，再由此引导到量筒。课堂节奏处于“实验—思考—实验”的“动、静、动”过程中，学生的思维易于提升，课堂的节奏便于把握。

2. 突破教学难点的实验设计。

如何正确使用量筒是本节课教学的难点，因为量筒作为一种常用的科学实验工具，在以后的科学课中经常使用到，如何掌握正确的使用方法尤为关键。如何才能让学生掌握正确的方法呢？这一环节，我没有使用传统的方法，即教师示范、学生尝试、组内练习，而是先让学生以小组为单位仔细观察量筒长什么样，再进行交流，让学生对量筒有一个大概的认识。紧接着让他们用量筒测量2号杯子里有多少水，通过汇报，发现结果不同，激发学生寻找产生问题的原因的兴趣，进而出示课件：量筒的正确读法。学生印象非常深刻。最后让他们使用正确的方法测量1号和3号杯子里有多少水，巩固了正确使用量筒的方法。

3. 关注科学课与生活的联系。

科学课和生活是密切联系的，学习科学就是为了更好地提高生活质量。在本节课后面的教学环节中，教师通过课件出示生活中常见的饮料、牛奶等液体，让学生说说大概多少毫升，将课堂上的概念与生活中的实际相结合，帮助学生建立“毫升”的概念，将课堂上学习的知识与生活实践相结合，这是提高教学效率的一条重要途径。

7. 放　大　镜

一、教材分析

“放大镜”是教科版小学科学六年级下册“微小世界”单元第1课的内容。本单元是按照人类观察工具的发展顺序编排的，从放大镜到显微镜，引领学生进入昆虫世界、晶体世界和生命世界的一系列探究活动，由浅入深逐步展开。学生对放大镜并不陌生，从三年级起放大镜就伴随着他们的科学学习，但是他们对人类发明放大镜的意义以及放大镜的结构和功能并不是很了解。本课鼓励学生在带着新的问题用放大镜进行观察的过程中，有新的发现，同时学习和了解一些关于放大镜的简单光学知识。“放大镜”一课作为“微小世界”单元的起始课，对激发学生探索微小世界的兴趣，领悟观察工具的发展带来的好处有着不可替代的作用，为后续的学习奠定兴趣基础和认识。

二、教学目标

1. 认识放大镜具有放大物体图像的功能；放大镜是凸透镜，放大镜镜片的特点是透明和中间凸起；用放大镜观察物体能看到更多的细节。

2. 探究放大镜镜片的特点；对比肉眼观察和放大镜观察，发现更多细节。

3. 理解使用放大镜观察的意义，增强用放大镜观察身边世界的兴趣，认识到从肉眼观察到发明放大镜是人类的一大进步。

三、教学重、难点

教学重点：用放大镜观察到物体的更多细节，理解使用放大镜观察的意义。

教学难点：放大镜“凸”“透”的特点。

四、教法学法

1. 教法：采用探究式教学法，组织学生经历科学探究过程，并综合运用比较法、发现法。在学生充分探究的同时运用讲解、点拨、启发、评价等手段提高学生的兴趣和求知欲，激发学生学习科学的动力。

2. 学法：积极贯彻“教师为主导，学生为主体”的原则，充分发挥学生的主体作用，让学生学会探究、学会合作、学会交流，经历在探究中建立科学概念的过程。

五、教学准备

小组准备：装了水的塑料瓶、玻璃片、塑料片、塑料盖、椭圆形玻璃片、观察用的纸巾、布片、图片等各一套。

教师准备：教学课件。

六、教学过程

（一）激趣导入：视力大考验

1. 师：先来个视力大考验，看一看同学们的视力好不好。

（1）出示各种各样的图片文字（肉眼可以直接看清楚）。

（2）出示微雕石块（肉眼看不清楚），问学生：上面写了什么字？

2. 师：我们想看清更小的物体时，怎么办？

学生根据生活经验想到借助工具——放大镜。

（二）寻找放大镜

1. 师：如果没有放大镜，还能用我们现有的物品解决同样的问题吗？

学生交流想法，发散思维。

2. 寻找哪些物品具有放大功能。

3. 活动建议（问题引路）：

（1）哪些物品具有放大功能？

（2）具有放大功能的物品都有什么相同点？

（3）用放大镜与能放大图像的物品比一比，它们都有哪些共同点？

4. 学生合作探究、汇报。

5. 小结：通过探究，同学们发现一些物品可以放大物体的像。具有放大功能的物体和放大镜一样，它们都具有透明、中间凸起的特点。（板书：透明、中间凸起）

6. 科学阅读：关于放大镜历史的资料。

7. 师：人们根据它的作用给这个新的工具起名为放大镜。还有人根据它的特点起了另外一个名字，你们知道是什么吗？

（三）放大镜下的新发现

1. 用放大镜进行观察，不仅满足了人们看清更小物体的愿望，还给人们带来了很多“意外惊喜”，让人们发现原来在自己身边一直存在着一个奇妙世界。

2. 让学生以小组为单位，自行用放大镜观察棉布、纸巾、报纸、手指等，并记录发现。

活动提示：

（1）找一找放大镜除了能放大图像，还能看到哪些肉眼看不到的细节？

（2）分别用两个放大镜观察同种物品，比一比它们的放大效果是否一样，为什么?

3. 学生汇报并认识放大镜的作用,在此基础上播放关于放大镜的视频。

4. 小结:放大镜能把物体的图像放得更大,显现出肉眼看不清的细微之处,使我们获得了更多的信息。

(四)总结延伸

1. 师:发明放大镜后,放大镜被广泛地运用于人们的生活之中。(再次出示微雕石块的图片)这块微雕石块上的文字就是微雕工匠使用放大镜雕刻而成的。

2. 学生利用高倍放大镜辨认微雕石块上的文字。

3. 学生间再次交流:你还想用放大镜观察什么?你还希望使用什么工具观察更微小的东西?

4. 总结:从用肉眼观察到用放大镜观察,人们开始使用观察工具不断探索身边的世界,发现了许许多多的奥秘。希望通过今天以及今后的学习,能激起同学们探索微小世界的兴趣,去发现生命世界更多的奥秘。

七、教学反思

本课以引导学生经历放大镜发明、使用的历程,理解用放大镜观察的意义为教学线索,略去了教材中“为什么要用放大镜观察”这一活动,把课堂时间充分留给了两个探究活动“寻找放大镜”和“放大镜下的新发现”。在活动顺序安排上,特意将“寻找放大镜”作为第一个活动,旨在引导学生通过经历用身边的物品尝试放大物体图像的活动,来体验前人发明放大镜的过程,在充分的探究中,理解放大镜透明、中间凸起的特点。发明放大镜之后,人们通过观察,发现了许多原来意想不到的细节和信息,从此打开了探索微小世界的大门。用放大镜观察的意义,主要通过活动“放大镜下的新发现”来理解。在课堂中始终将“学生为主体、探究为核心”的理念作为授课的根本,以趣味游戏调动学生的积极性,特意设疑引发学生兴趣。两个活动的环节紧凑,时间安排较合理,充分遵循了学生的思维发展,使课堂教学层层深入、不断推进。努力创设轻松、和谐和积极的探究氛围,通过与学生的交流,以及及时的点拨、指导、评价等,促使学生以饱满的学习情绪开展活动、合作学习。在教学中也存在着一些不足,如在探究中对各小组的指导时间分配不够合理,不能很好地发挥教师的指导作用;与学生的交流停留在表面,对一些学生的想法,不能很好地应对等。

附：实验记录表

放大镜

学校：__________　班级：__________　小组：__________

记录员：__________　时间：__________

一、教学目标我知道

我们用肉眼看不到的微小世界是怎么样的？人类在探究微小世界时，经历了怎样的历程？让我们一起走进“微小世界”第1课的学习，来了解其中的故事吧！

二、探究活动进行时

1．探究活动一：寻找放大的工具。

（1）以文字为观察对象，试一试，哪些物品能放大物品的图像。把你们的发现汇报给记录员，即时记录下来。

① 装了水的塑料瓶；② 玻璃片；③ 塑料片；④ 塑料盖；⑤ 椭圆形玻璃片。

我们的探究结果		我们的发现
能放大图像的物品		能起放大作用的物品都具有如下共同特点：
没有放大功能的物品		

（2）对比能放大图像的物品和放大镜，它们的共同点是：__________。

2．探究活动二：放大镜下的新发现。

（1）分别用眼睛和放大镜观察，比较两次观察获得的信息有什么不同。用放大镜除了能把图像放大外，还可以观察到哪些细节？请把发现描述或画出来。

我们的观察对象是：	我们的新发现：

（2）两个放大镜的观察效果相同吗？什么样的放大镜放大倍数更大？请把发现用文字或图画记录下来。

8. 抵抗弯曲

一、教材分析

“抵抗弯曲”是教科版小学科学六年级上册“形状与结构”单元的第1课。本单元从生活中不同形状和结构的物体入手，引导学生探究常见的形状和结构与抗弯曲能力的关系。本课探究活动主要分为三个部分：第一部分，纸的宽度与抗弯曲能力大小的探究活动；第二部分，纸的厚度与抗弯曲能力大小的探究活动；第三部分：研讨长方形截面的横梁平放好还是立放好。前两个活动最重要的是对实验数据的记录和分析，也是第三个活动的基础。

二、学情分析

六年级的学生思维能力正处于从形象思维向抽象思维过渡的阶段，抽象思维虽然仍要借助直观形象的支撑，但已经有了长足的发展，分析、推理能力有了明显的提高。

在已有的知识经验方面：学生已经有了横梁的材料、长度、宽度和厚度对抗弯曲能力影响的生活经验，这为本课中“影响抗弯曲能力的因素”的推测、研究问题的提出奠定了基础。

在已有的实验方法与技能方面：学生从五年级绿豆种子发芽实验开始，就已经学习并掌握了对比实验的方法，知道并理解对比实验中只能改变一个条件。因此，在本课的对比实验中，只要学生能识别变量，找到控制变量的方法，就能顺利开展实验。

三、教学目标

1. 通过实验知道增加横梁的宽度可以增加抗弯曲能力，增加横梁的厚度可以大大增加抗弯曲能力。

2. 能熟练设计对比实验活动方案，识别和控制变量和不变量，并能够对实验数据进行科学的分析。

3. 能够运用得出的科学结论对立放横梁还是平放横梁做出科学的选择。

四、教学重、难点

教学重点：设计实验方案研究横梁宽度与厚度对抗弯曲能力的影响。

教学难点：引导学生识别与控制变量。

五、教具准备

教师准备：30cm ×4cm，30cm ×8cm，30cm ×16cm 卡纸各一张为一组，共 12 组；30cm ×4cm 卡纸 72 张，并分别粘成 1 倍厚、2 倍厚和 4 倍厚各一张为一组，共 12 组；一元硬币每组 20 个。

学生准备：一把塑料直尺。

六、教学过程

（一）导入新课

1. 师：出示手工桥梁模型。同学们，这是我校上一届六年级的一位同学做的木桥的模型，请同学们仔细看一看它主要由哪几部分组成。（引导学生说出桥墩、桥面）

2. 师：（课件出示）科学上一般把桥墩叫作立柱，把桥面上横放的材料叫作横梁。不仅仅桥有立柱和横梁，我们生活中的很多建筑物里都有。（出示课件）仔细观察一下这座小亭子的横梁和立柱分别在哪儿。大家再找一找咱们的教室里有没有横梁和立柱。（学生找一找）

3. 出示桥梁断裂的课件：这里有一组图片，请同学们仔细观察，你有什么发现？

生答。

师：一般情况下，横梁比柱子更容易断裂。如何增强横梁的抗弯曲能力是科学家一直在研究的问题，这一节课咱们也像科学家一样来探究横梁的抗弯曲能力。（板书课题）

（二）活动探究

1. 提出假设。

（1）师：横梁的抗弯曲能力究竟与哪些因素有关呢？请小组的同学讨论讨论。

（2）学生提出假设，教师相机板书（宽度、厚度、材料、柱子之间的距离等），并进行相关的思维训练，在此基础上明确本节课的探究目标。

2. 设计研究方案。

（1）学生以小组为单位，制订口头的实验方案，教师出示课件：横梁的宽度（厚度）与抗弯曲能力有关吗？学生从提出问题、做出假设、实验方法几方面进行口头表述。

（2）全班交流。在学生汇报的基础上，教师引导学生重点关注改变的条件、不变的条件、硬币放置的方法、硬币放置的位置以及如何计算承受硬币的个数等问题，让学生动手之前先动脑，对教学过程及相关细节有明晰的认识。

3. 实验验证。

（1）以小组为单位探究横梁宽度和厚度对其抗弯曲能力的影响，并填写实验记录表格。

（2）分析实验数据，写出发现。

4. 交流汇报。

（1）汇报横梁宽度和厚度对其抗弯曲能力的影响。

（对于小组间出现实验数据不同的现象，教师要引导学生分析数据为什么不同，可能与什么因素有关。让学生进一步认识到每个小组柱子间的距离不一样会导致小组之间的数据不一样，但只要小组内做对比实验的时候控制好不变的条件，实验的结论就会一致）

（2）以小组为单位绘制折线统计图，比较横梁的宽度和厚度对抗弯曲能力影响程度有什么不同。认识到增加厚度和宽度都会增强横梁的抗弯曲能力，但是增加横梁的厚度可以大大增强其抗弯曲能力。

（三）总结拓展

1. 总结本节课学习内容。

2. 练习检测。

3. PPT 出示横梁图片：横梁是立着放好，还是横着放好？学生用新学的知识进行解释。

4. 布置作业。

板书设计

抵抗弯曲

厚度　　√　　☆

增加横梁的厚度可以大大增强横梁的抗弯曲能力

宽度　　√

七、教学反思

1. 实验材料的科学性和标准的统一性。本课属于典型的对比探究实验，所以对于材料的选择要尽量体现科学性，如纸张的选择、硬币或垫圈的选择等，确保学生是在相对公平的环境下进行对比实验。我在第一次教学的时候使用的重物是垫圈，但由于选取的垫圈比较小而且轻，导致实验过程中数垫圈浪费较多的时间，而且纸梁上也放不下太多的垫圈，后来改为放 1 元的硬币就比较合适。

2. 不断追求科学的严谨性。本节课的关键在于让学生把握好控制变量，所以在学生探究在不同厚度的纸上放垫圈的实验之前，一定要让学生思考怎样做才能减少误差，这样能够帮助学生时刻关注变量的问题。另外，对于实验数据的分析与讨论问题，要引导学生认真分析记录的数据，客观分析小组间的差别。对于差别较大的，找出原因，并再次实验，不断追求实验的科学性、严谨性，这是一种重要的学习态度。

9. 测量呼吸和心跳

一、教材分析

“测量呼吸和心跳”是苏教版小学科学教材五年级上册“呼吸和血液循环”单元第1课的教学内容。本课教学以指导学生测量呼吸和心跳的活动为主线，围绕对活动结果的分析统计展开教学，让学生认识到运动前后呼吸和心跳都会发生变化。

在教学本课前，学生可能会意识到运动前后人的身体会发生一系列的变化，如会喘粗气、脸发红、心咚咚跳等，但对于为什么会出现这些现象、人1分钟的呼吸和心跳大概多少次，学生的认识还是很模糊的。本节课就是从学生的经验入手，让学生分别测量在平静时、刚运动后、休息一会儿后的呼吸和心跳次数，然后通过对数据的分析，发现运动后呼吸和心跳的次数会增加，休息后又会慢慢回到原来的状态，培养学生对数据的分析能力，同时进一步激发学生对呼吸和血液循环问题的研究兴趣。

本课的教学内容分三部分：

第一，通过观看录像、谈话等形式，了解学生关注运动对自己呼吸和心跳的影响。

第二，分别测量自己在不同状态下（平静时、运动后、休息一会儿）的呼吸和心跳。

第三，把测量的数据绘制成统计图，进一步认识人的呼吸和心跳的变化规律以及运动对呼吸和心跳的影响。

二、设计思路

本课教学重点是让学生通过对单位时间内的心跳和呼吸数据进行分析，发现运动对呼吸和心跳的影响，而学生能否发现呼吸和心跳的变化规律，取决于对测量数据的分析。但是让学生一个人既要测呼吸，又要测心跳，是无法完成的，本课设计让同桌同学合作，自己测量呼吸的次数，由同桌帮助测量脉搏的次数，计时则由教师来完成。这样既可以避免学生分散注意力，又可以更准确地把握好时间。由于本课是准备采用测脉搏的方法测量心跳次数的，找准被测同学的脉搏至关重要，否则得不到准确数据，甚至得不到任何数据，所以课前必须教会学生如何找准同学和自己的脉搏，测量之前对全体学生进行细致的指导。对于数据的分析，拟采用学生口头汇报、实物投影仪展示记录表、教师用电子表格记录等形式展现，这样可以节省大量的时间，提高教学效率。

三、教学目标

1. 会正确测量呼吸和心跳次数。

2. 了解自己正常情况下一分钟呼吸和心跳的次数。

3. 知道运动对呼吸和心跳有影响，运动会使心跳和呼吸加快，休息后心跳和呼吸又会恢复到正常的状态。

4. 意识到采集、分析数据是科学探究的一种重要方法。

四、教学重、难点

教学重点：知道运动会使心跳和呼吸加快，休息后心跳、呼吸又会恢复到正常的状态。

教学难点：学会正确测量自己和他人的呼吸及心跳次数。

五、教具准备

统计表、三色水彩笔、课件。

六、教学过程

（一）激趣导入

1. 观看一段刘翔跨栏冲刺的录像。

2. 师：同学们，你们喜欢什么运动呢？你们在运动之后有什么感觉？

学生汇报。教师在学生汇报的过程中相机板书呼吸急促、心跳加快等。

3. 师：对，运动会给我们的身体带来很多变化，这节课我们就从呼吸和心跳这两方面来研究运动对身体健康的影响。（板书：呼吸和心跳）

4. 师：要研究运动对呼吸和心跳的影响，我们首先要学会测量。（板书：测量）

（由直观的画面导入，可以更好地把学生的思维引入与“运动”有关的回忆，由刘翔运动后的表现回忆自己运动后的感受，很自然地进入本节课的学习）

（二）测量不同状态下呼吸和心跳的次数

1. 师：说到测量，测量数据的准确性是最重要的。怎样才能准确地测量出我们一分钟的呼吸和心跳的次数呢？请大家以小组为单位，用2分钟的时间一起来讨论讨论。

学生讨论，教师指导。

2. 教师组织学生汇报。每组先选一点最想告诉大家的来汇报，要求汇报的同学一边说一边示范，其他组补充。

（教师在引导学生汇报时，要强调一呼一吸是一次呼吸。统一测量心跳

的方法：用手摸心跳或脉搏，找到了在那个地方做个记号）

在学生汇报的基础上，教师出示课件：测量呼吸和心跳的方法。学生跟着课件进一步找准脉搏。

（本节课的重点是通过测量获得准确的数据，因此，明确测量呼吸和心跳的方法至关重要。在此环节，教师让学生反复讨论，就是充分调动每一位学生的思维，让每一位学生都积极参与。在学生讨论的基础上，教师出示课件，展示测量的方法，让学生进一步找准测量的位置和测量的关键，为后面的测量打下基础）

3. 指导学生分别试测15秒钟呼吸和心跳的次数。

（1）课件展示：15秒钟电子计时。

（2）学生汇报。在学生汇报的基础上，教师适当讲解：因为每个人的体质不一样，所以测量的次数会略有不同。但如果和别人相差太多，那可能就是测量的方法错了，要调整。

（在前一环节的基础上，通过电子计时试测15秒钟呼吸和心跳的次数，有助于帮助学生更好地找准测量的位置）

4. 指导学生正式测量一分钟呼吸和心跳的次数。

（1）课件先出示实验记录表，指导学生正确填写。

（对于五年级的学生来说，在表格中记录数据不是一件难的事情，但由于本节课的记录表中记录的是每一组四位同学运动前、运动刚结束、运动结束3分钟后三种状态下呼吸和心跳的次数，通过多媒体的形式加以展示，便于学生在记录时节省时间，提高课堂教学效率）

（2）多媒体课件显示时钟计时，学生测量并记录安静时呼吸和心跳的次数。

（电子钟统一计时，可以让学生把注意力集中在找位置和数次数上，避免了学生自己计时带来的误差，利于获得更准确的数据）

（3）学生汇报。

5. 测量运动后呼吸和心跳的次数。

（1）师：运动后我们的呼吸和心跳次数又会有什么变化呢？大家试着预测一下。

（2）学生预测。

（3）师：我们要在运动结束后马上测出呼吸和心跳的次数，自己可以同时既测量呼吸又测量心跳的次数吗？

（4）学生讨论。

（5）课件出示测量方法：每两个人组成一个小组，合作为自己和对方测量1分钟呼吸和脉搏跳动的次数，并且做好记录。建议可以一人测量自己的呼吸次数,另一人帮助测量脉搏跳动的次数,测量结束后交换。

(教师提问的目的意在引起学生的思考:如何同时测量一个人的呼吸和心跳?抓住问题的关键,打开学生的思维,想到同学之间的互相合作。避免以往在这一课的教学中经常出现的,一部分学生只测呼吸,另一部分学生只测脉搏,剥夺学生实验机会的现象,让每个学生能够获得呼吸和心跳两组数据。课件出示测量方法,让学生之间进一步明白如何合作,明确问题的指向性)

第一遍音乐响起,请左边的同学跟着课件做动作(1 分钟),然后测量记录。

第二遍音乐响起,请右边的同学跟着课件做动作(1 分钟),然后测量记录。

学生分组协作活动。

汇报。

6. 测量休息 3 分钟后呼吸和心跳的次数。

(1) 课件播放人的血液循环录像。

(由于学生间合作测量是分组进行的,第一组运动的学生到播放录像的时候已经休息了 2 分钟,再加上播放录像的 1 分钟,合起来就休息了 3 分钟,录像结束后仍然先测量;第二组的同学播放录像后休息了 2 分钟,在第一组测量结束后,也已经休息了 3 分钟,也就是保证了每一位学生都能够在运动之后休息 3 分钟。同时,播放的视频内容与本节课的教学有关,是本节课教学的延伸和拓展)

(2) 学生合作测量休息后呼吸和心跳的次数,并做好记录。

(三) 分析数据

1. 师:我们已经成功搜集了相关数据,下面先请同学们仔细阅读自己的活动记录表,比较一下你测量的这三组数据,有什么发现?然后再以小组为单位,仔细分析相关数据,看一看有什么共同的地方,有什么不同的地方,再根据数据绘制统计图。

学生分组讨论、汇报。

(本环节汇报采取实物展示台形式进行,即每组选一名学生到展台前,根据投影,介绍本组的测量情况及发现)

教师在多媒体课件中相机记录学生汇报的数据,适时生成柱形统计图。

(在学生汇报的基础上,教师根据各组的汇报进行汇总,输入数据,生成柱形统计图,让学生直观感受到全班同学在不同状态下的呼吸和心跳情况)

2. 师:通过整理数据我们可以知道,人在运动时所消耗的能量比安静时多很多,所以呼吸和脉搏的跳动次数比安静时都会增加。每个人的身体素质不同，所能够承受的运动负荷也不同，于是会出现有些人运动后呼吸与心跳的次数变化非常大的现象。

3. 调查：哪些人在休息3分钟后呼吸和脉搏的次数已经接近平静时的次数了？让学生明白身体能够在较短时间内恢复平静的同学都具有良好的身体素质。通过锻炼，可以逐步改变自己身体的素质。

4. 师：猜测一下，如果再给你3分钟休息，数据会怎样？

（四）拓展延伸

1. 师：除了在运动的情况下，我们的呼吸和心跳会加快，还有哪些情况下呼吸和心跳的次数会明显加快呢？（让学生把课堂和自己的实际生活紧密联系在一起）

2. 课件出示部分人群的呼吸、心跳参照表，让学生初步认识不同年龄层次的人安静时的呼吸和心跳数也是不一样的。

3. 教师鼓励学生提出更多的关于呼吸和心跳的问题，激发学生的探究兴趣。

4. 教师总结：今天，老师和同学们合作上了一堂有趣的科学课，我们有了许多新发现，就好比是吃了一顿美美的大餐。下面老师送给同学们一些课外自助餐，供同学们选择。（课件出示课外作业，把科学课的学习由课内延伸到课外）

七、教学反思

本课教学重点是让学生通过对单位时间的心跳和呼吸次数的数据进行分析，发现运动对呼吸和心跳的影响，而学生能否发现呼吸和心跳的变化规律，取决于对测量数据的分析，所以准确地采集数据成为重中之重。而难点是学生采集的数据必须是同时测得的，也就是说，呼吸和心跳的次数必须是相同时间段里的，否则，测量15秒的呼吸次数，再测量15秒心跳的次数，这两个数据显然是不科学的。让学生一个人既要测呼吸，又要测心跳，是无法完成的，本课设计让同桌同学合作，自己测量呼吸的次数，由同桌帮助测量脉搏的次数，分两大组进行测量，计时则由教师来完成，这样也可以避免分散学生的注意力。从本课实际测量的结果来看，绝大部分学生采集的数据接近实际情况。但本课教学中教师计时到点直接喊停，学生无思想准备，有的学生紧张到甚至忘了数到多少了。大家一致认为比较好的方法是用投影设计一个大的计时显示，学生可以清楚地看到剩余多少时间，再配合喊“停”，这样会更科学一些。由于学生采集的数据比较科学、准确，所以，在分析数据时，学生很快就直观地发现了呼吸和心跳变化的规律，以及呼吸和心跳之间的联系。

由于本课是采用测脉搏的方法测量心跳次数的，能否找准被测同学的脉搏至关重要，所以，教师课前必须教会学生正确测量自己和同学的脉搏，于是上课前对全体学生从相互身体姿势、手形、手指使用、按压力度等几方面都做了细致的指导。多次测量练习中，对得到数据偏差较大的同学，采取了手把手指导、师生同时测量的方式。也有的教学设计使用听诊器测量心跳次数，这样就不必教学生测脉搏了，课前教会他们使用听诊器就可以了，这比教学生找脉搏容易。但也有不同意见：一是学生比较兴奋，课堂上无法安静，这对使用听诊器有很大干扰；二是学会测量脉搏对个人很实用，将来随时可以测量自己或他人的脉搏，这也是一项技能。不管哪种教学思路，能获得准确数据是本课首先考虑的问题。

10. 使沉在水里的物体浮起来

一、教材分析

“使沉在水里的物体浮起来”是苏教版小学科学三年级下册“固体和液体”单元的第五课。本单元从指导学生认识生活中常见的固体和液体开始，引导学生初步、多方位认识固体、液体，以及固体和液体的关系问题。本课研究固体物质在水中沉浮变化的规律，认识固体在水中的沉浮状态是可以改变的，同时了解这一规律在日常生活中的应用。

二、目标预设

1. 指导学生通过探究活动，发现能够使下沉的物体浮上来的方法。

2. 初步认识到改变物体的形状，如把物体制成空心的、改变它的重量、在水里加盐的方法都可以使沉下去的物体浮起来。

3. 培养学生对科学的兴趣，能够以积极的态度对待科学现象，并能用学到的知识来解释生活中的现象。

三、教学重、难点

教学重点：通过活动探究，发现可以使下沉物体浮起来的方法。

教学难点：初步认识到改变物体的形状或重量都可以改变物体的沉浮状态。

四、设计理念

科学规律不是直接由教师告诉学生，而应该让学生通过教师提供的有结构的材料进行探究活动得到。本课教学基于以上的指导思想，让孩子们在经历了多彩的探究活动后，自行发现怎样让下沉的物体浮起来，初步感受到物体在水中的沉浮可能与物体的形状、重量有关系。

教材围绕“怎样让沉在水里的物体浮起来”这一活动安排的内容较多，主要有：用橡皮泥和铝箔做小船，用木筷、吸管、泡沫塑料做成一定的形状，使小潜艇自由沉浮，想办法使沉在水里的鸡蛋（或土豆块）浮起来。如果在课堂上要完成所有的活动，那么给人的感觉就是走过场，这样肯定不会有好的教学效果。因此，为了更好地完成教学目标，教师必须根据学生的实际情况，对教学内容进行有机整合。

五、教学思路

根据学生的心理及年龄特征，我把本课的教学内容简化为三个环节，重点进行两个活动，即：第一个活动，指导学生通过改变橡皮泥的形状使橡皮泥由沉变浮；第二个活动，通过比较船型橡皮泥装载回形针的多少，感受到同样是浮在水面上的橡皮泥承载的重量也是不一样的；第三个活动，指导学生通过玩小潜艇，初步认识改变物体的重量可以改变其沉浮状态。其余的环节作为拓展，鼓励学生课后探究。

六、教学准备

学生分组：水槽、水、橡皮泥、回形针、实验用小潜艇。

教师演示：透明水槽、水、橡皮泥、鸡蛋、实验、PPT 课件等。

七、教学过程

（一）激趣导入

1. 教师出示一块橡皮泥，让学生猜一猜将其放入水中的沉浮状态，并操作。

2. 提问：有什么办法能够让沉入水中的橡皮泥浮起来呢？引入本节课的学习内容。（板书课题：使沉在水里的物体浮起来）

（二）活动探究

活动一：让沉下去的橡皮泥浮起来。

1. 小组讨论怎样使下沉的橡皮泥浮起来。

2. 分组汇报。

教师重点引导学生说清楚具体的做法，要让所有学生都认识到可以通过改变橡皮泥的形状来试一试。

3. 师：同学们都认为可以通过改变橡皮泥的形状让它上浮，那么这样做到底行不行呢？下面我们来试一试。在实验之前，老师还有一些要求，请同学们仔细阅读。（课件出示活动要求：小组同学先商量好怎么做，然后再由操作员动手做，组长要指挥好，其他同学仔细观察，记录员要认真记录）

4. 学生分组实验。

5. 分组汇报。（对使用方法较多的小组提出表扬，教师可以让做得特别快、效果特别好的小组到前台演示一下）

6. 小结：改变物体的形状（把物体做成空心的）可以让物体由沉变浮。（教师相机板书：改变形状，做成空心的）

活动二：比较浮起来的橡皮泥可以承载回形针的数量。

1. 教师：刚才，每个小组的同学都把橡皮泥做成了小船形状，让下沉的橡皮泥浮起来，下面我们再来挑战一下，比一比哪组的小船能够装载的回形针最多，并且请把你们组小船的样子画出来。

2. 学生分组讨论、实验。

3. 汇报(重点引导学生观察小船的形状)。教师相机板书(空心大,装得多),让相关小组把装得多的小船拿到前面展示。

活动三:探究潜水艇沉浮的秘密。

1. 谈话:我们已经知道改变物体的形状,可以改变它的沉浮。下面我们接着来研究关于物体沉浮的秘密。

教师出示小潜艇模型,问:想玩吗?

在得到学生的回答之后,教师再问:你准备怎么玩呢?

2. 小组的同学讨论如何来玩潜水艇并进行汇报。(教师参与相关小组的讨论)

3. 教师提出相关要求:一边玩一边仔细观察小潜艇是怎样变化的。

4. 学生活动。

5. 汇报。(重点引导学生思考:小潜艇沉浮的原因是什么)

6. 小结:改变潜水艇的自身重量能使它自由沉浮。(板书:改变自身重量)

(三) 教学拓展

1. 教师:生活中有很多有趣的沉浮现象,下面我们就来欣赏一段视频。

(课件播放:“死海不死”的秘密;渔民在渔网的下面挂重物、上面挂泡沫,让渔网在水中立起来)

2. 学生交流感受,说一说自己所知道的沉浮现象在生活中的应用。

(四) 课后探究

教师出示一杯清水,里面放有一枚沉下去的鸡蛋,让学生课后去探究怎样让鸡蛋浮起来。

板书设计

使沉在水里的物体浮起来		
橡皮泥	改变形状	做成空心的
小潜艇	改变重量	自由沉浮

11. 一天的食物

一、教学背景及学情分析

本课是教科版四年级下册“食物”单元的起始课。关于食物，学生并不陌生，他们知道食物的种类很多，并且对于四年级的学生，他们已经有了一年的科学课经验，能够从科学的角度初步认识到，为了满足生长、生活的需要，我们每天都要吃各种各样的食物。但学生对于食物中有哪些营养，是不是应该根据自己的喜好去选择食物，一日三餐如何合理搭配，什么是健康饮食等问题，认识还比较模糊。因此，本单元教师要带领学生踏上健康饮食之旅的探究，认识一天的食物是本次旅行的第一站，是后续食物探究的基础。

二、教学目标

1. 记录一日三餐所吃的食物，能进行简单的统计分析，发现一天中的食物很丰富。

2. 学习科学的分类方法，能将“混合类”食物拆分为多个种类，初步了解食物可以分成不同的类别。

3. 能够通过对食物的分类，意识到生活中食物常常是搭配着吃的。

三、教学重、难点

教学重点：

1. 记录一天的食物，发现一天中所吃的食物是非常丰富的。

2. 通过分类意识到食物常常是搭配着吃的。

教学难点：

1. 统计方法的指导。

2. 分类标准的确定。

四、教学过程

（一）播放视频，激趣导入

1. 播放一段有代表性的美食视频。

2. 学生结合生活实际说一说自己所认识的食物，以及想研究关于食物的哪些知识。

3. 师：民以食为天，食物对于我们的生长发育来说十分需要，因此我们每天都要吃许多食物。这节课，我们就从一天的食物来开启本单元的食物研

究之旅。(板书课题:一天的食物)

(设计意图:教学伊始,通过播放美食视频激发兴趣,同时让学生说一说自己所认识的食物以及想研究食物的哪些问题,培养学生发散思维的同时,教师再进行聚焦,明晰本单元的学习内容)

(二)分工合作,统计食物

1. 师:课前,老师已经为每位同学准备了一份“自主学习记录单”,相信大家已经完成了作业,现在请一位同学和大家分享你的记录成果。

(设计意图:布置前置性作业,让学生在课前记录,充分调动学生的前概念,既节约了时间,又避免了由于时间过长而导致的学生忘记食物名称现象的发生)

2. 选择样本,现场指导。

(1)学生利用实物展台展示“自主学习记录单”,师生共同纠错。(相机出示自主记录单上方的“温馨提示”,进一步明晰如何科学地记录)每位学生自行修改自己的自主学习记录单。

(2)师:同学们,我们知道了自己一天吃了多少种食物,如何统计出小组同学一天一共吃了多少种食物呢?(学生充分发表意见,明晰统计方法)

① 以小组中记录食物最多的记录单为样本,依次补充记录其他同学所记录的不同食物,不要有漏掉和重复。

② 数数一天中,小组同学一共吃了多少种食物,记录数字。

(设计意图:统计小组同学一天中一共吃了多少种食物是教学的一个重点,看似简单,其实这里有一个方法的问题,即有的学生会直接把几位同学吃的食物种类相加,而忽略了重复现象,有的学生意识到重复的食物只能算一种,但不知道如何使用便捷的方法把重复的部分找出来,因此本环节教师要重点加以指导)

3. 各小组依次汇报统计结果。

4. 分析统计结果,引导学生发现食物种类很多,意识到分类的重要性,从而进入下一环节的学习。

(三)探究方法,科学分类

1. 小组内对计划用什么方法给这些食物分类展开讨论,并说说理由。

(设计意图:分类是一种重要的研究方法,本教学环节先让学生在组内互相说,达成组内共识,然后小组选派代表在班级进行交流,目的是让学生意识到分类方法的多样性,学会辩证看待问题)

2. 分组汇报分类方法,师生共同评议,总结出比较科学的分类方法。主要体现在以下几方面:

(1)全面覆盖,每一种食物都能找到它属于哪一个种类;

(2)不能重复,每一种食物只能出现在一种类别之中。

3. 在讨论的基础上,小组同学再次共同修改完善分类的方法。

4. 再选1~2组展示汇报分类结果。

(四)巩固方法,强化技能

1. 师:通过研究,我们发现同一种食物按照不同的分类方法,就属于不同的种类。老师也把昨天一天吃的食物记录下来并制成了卡片,你能用比较科学的方法帮老师分类吗?咱们比一比哪一组方法合理,动作迅速。

2. 分发器材(卡片、分类展示板)。

3. 分组合作。

4. 分组汇报,师生共同评议。

(五)质疑总结,布置作业

1. 师:通过今天的学习,你最大的收获是什么?关于食物,你最想解决的问题是什么?

2. 学生汇报。(既巩固了本节课的学习内容,又引发了学生思考。当有学生说想知道为什么要吃那么多种食物时,可引导学生说出"营养",为教学第二课"食物中的营养"奠定基础)

3. 布置作业:发放两张空白卡片和关于食物营养的阅读资料,让学生课后分别在卡片上写下最感兴趣的两种食物名称,通过查阅资料,把这两种食物所含的营养成分记录在食物名称的背面,下一节课进行交流。

五、教学反思

1. 依托科学的分类方法,培养学生的科学思维。

学会统计一天的食物,并学会使用科学的方法对食物进行分类是本节课两个重要的教学目标。在本节课刚开始,教师没有教学生如何统计一天的食物,而是让学生在对自己和小组统计汇报的基础上,让学生发现统计中存在的问题,如个人统计中没有把混合的食物分开统计,小组统计中存在重复的现象等,发现问题再来寻找科学的统计方法,这才是本环节教学的价值所在。在后面的给食物分类环节,教师也没有明确给出食物分类方法,而是让学生在交流讨论的过程中总结出使用哪些方法给食物分类比较合理。因为这个过程,学生不仅仅是在获取信息、接受知识,更重要的是在反复研讨、交流、汇报,学生的认识不断加深,思维不断得到提升。

2. 合理改进活动器材,便于操作展示。

自制了"食物卡片"和"活动展示卡"。在"巩固拓展"教学环节,给学生准备的食物卡片是使用硬卡纸做的,并且进行了塑封处理,这样便于反复多次使用。同时尺寸和展示卡凹槽相配套,可以直接插在展示卡上,而且展示卡是利用磁铁板加封条构成,可以直接放在教室的磁性黑板上,便于向学生展示。

12. “基于学生质疑能力培养”的专题教学案例

水

一、教材简析

“水”是教科版小学科学三年级上册第四单元的第一课。本课主要有三个活动：一是学生间交流有关水的认识；二是识别水和其他物质；三是给物质分类。本节课通过让学生借助感官识别水和其他物质，初步学习对周围物质进行分类。通过这些活动不仅可以了解学生的原有认知水平，而且还可以让学生对水、空气和其他物质进行初步的比较。这里我打算以第二个活动为例，从兴趣激发、氛围营造方面展开对学生质疑能力培养的分析。

二、课例实录

活动二：水在哪个袋子中？

师：观察是我们获取信息的一种很重要的方法，你们平常是怎么观察的？

生：眼看、手摸、耳听、嘴尝、鼻闻。

师：这些是我们通常观察事物的方法，今天我们就用这些方法来观察水。

师：今天老师给你们每个组都带来了一袋水，它就装在这七个黑色的袋子里。大家请看，（投影出示7个袋子，里面分别是水、醋、红墨水、糖水、小石子、树叶、空气，每个袋子上都标了序号）你能用刚才我们提到的观察方法把水找出来吗？

出示记录纸：

“水在哪个袋子中”活动记录表

第（　　）小组

物体	小石头	树叶	空气	红墨水	白醋	糖水	水
序号 （不能确定的打“?”）							

教师出示活动要求，学生活动。以下是课堂实录的片段：

师：同学们，刚才大家都非常认真地找了水，我们一起来看看汇总表，大家有什么发现?

生：我发现小石子、树叶、空气都是确定的。

质疑：为什么另外这几个袋子我们却难以分辨出来呢？哪些方面很像水？把这些较难辨别的袋子单独取出。

生：摸起来感觉都是会流动的，很像水。

师：看来根据我们现有的证据，确实还不能确定哪个袋子里装的是水。要知道到底哪个袋子里装的是水，该怎么办呢?

生：打开来看一下不就行了吗?

师：现在能排除哪个了呢?

生：红墨水。

师：证据呢?

生：因为水是无色的。

师：剩下的怎么来分辨呢?

生：可以来闻一闻吧，醋是有酸味的。

师：那水是什么气味的呢?

生：水是无气味的。

师：最后两杯是糖水和水，我们怎么分辨呢?

生：可以尝一尝，糖水是甜的。

师：水是什么味道的呢?

生：水是无味道的。

师：好吧，我们找到了水，那你现在能说一说，纯净的水究竟有哪些特点吗?

生：水是摸起来软软的、流动的、透明、无色、无气味、无味道的。

三、思考

在“水在哪个袋子”这个活动中，让学生自己去试着找出水，表面上是简单的一句话，实际上这个活动涉及观察、分析、假设、解释、交流、质疑等一系列的探究活动，这就使一个深层次的活动呈现在课堂上。同时让学生思考自己判断的依据，保证了学生活动的有效性。它调动学生运用各种各样的感官(先摸，再看、闻、尝)和已有经验来识别水和别的物质，同时在比较的过程中丰富关于水的知识。这里看学生是否运用了不同的感官，是否客观地进行了对比，是否较准确地描述了物质之间的相同和不同之处，更为重要的是他们分辨时的追问和质疑。对证据的重视、理性的思考、大胆的质疑是科学态度的重要标志。出示七个黑色的塑料袋，营造的氛围本来就很神秘，激发了学生探究的兴趣，在活动中提出各种质疑，培养他们的好奇心。当石头、树叶、空气被确定之后，就会有学生提出质疑：为什么另外几样物体我们无法判断呢？想知道水到底在哪个袋子中，得通过各种观察方法来找到水啊！以下找到水的过程都是在一个个质疑和验证中进行的，层层筛选，终于找到我们想找到的水，从而也总结出了水的基本特点。这是一个完整的过程，课堂一直是向前推进的。当然在课堂实施的过程中也存在各种各样的不足，并不是所有的学生都能主动提出质疑，这就需要教师营造利于探究的氛围，让每一个学生都能动手来尝试，分组合作，让学生亲手体验实验的过程。质疑很重要，动手去做也很重要，动手才会发现更多的疑问！

昼夜交替现象

一、教材简析

“昼夜交替现象”一课是教科版小学科学五年级下册“地球的运动”单元的第1课。本课旨在通过大胆猜测、科学探究让学生展示他们对昼夜交替现象的看法，为学生本单元后继探究学习做铺垫，而不是要求学生掌握形成昼夜交替的原因。因此，在教学时我设计了三个有层次的活动：一是学生自由发表他们对昼夜交替现象的假说；二是做昼夜交替现象的模拟实验；三是根据模拟现象提出有根据的多种可能的解释，并对这些解释进行分析。

教材列举了产生昼夜交替现象的四种假说，其目的是打开学生思路，引导学生从地球和太阳的相对运动的角度提出产生昼夜交替现象的多种解释，并通过模拟实验去验证，使学生明白昼夜交替现象有多种可能的解释，需要用更多的证据才能加以判断；昼夜现象与地球和太阳的相对圆周运动有关；认识到积极参与讨论，并发表有根据的解释是重要的；培养学生主动探究、积极合作的态度。

二、课例实录

活计二：验证昼夜交替猜想。

学生以小组为单位，将讨论的关于昼夜交替的猜想用记号笔写在白纸上，并黏贴到黑板上。（1. 地球不动，太阳自转；2. 地球不动，太阳围绕地球转；3. 地球自转，太阳不动；4. 地球自转，同时围绕太阳转动；5. 地球围绕太阳转，不自转；6. 地球自转，同时太阳绕着地球转）

师：整理好实验材料，小组间先交流实验结果，再推荐一位同学发言。

师：黑板上提出的模拟方式是不是都是合理的？

生：不是。

师：也有不合理的，对吗？现在我们让小组的同学来演示一下。

生小组上台演示第1种。

师：你们认为这种运动方式可以形成昼夜交替吗？

生：可以的。

师：有没有不同意见？

生：不可以。

师：太阳自转不自转，会不会影响昼夜交替？

生：不影响。

师：好，排除了第1种，有没有其他小组的汇报？好的，你来。

生：我要演示的是第2种，太阳自转。实验结果表明不能出现昼夜交替现象。

师：第二种运动方式不能出现昼夜交替现象。太阳自转不自转，会不会影响昼夜交替现象？

生：不会。

师：还有谁愿意上来演示？

生：我演示的是地球不动，太阳围绕地球转动。地球上不同的地方也会有昼夜交替现象.

师：同意吗？

生：同意。

师：这是第1种和第2种，那么其他几种情况会不会出现昼夜交替现象？再请同学接着汇报。

生：第3种和第4种，地球自转和地球自转的同时围绕太阳转动都可以产生昼夜交替现象。

师：你们做过没有？是成立还是不成立？

生：成立。

师：好，你们来演示。

生：可以。

师：好的，那么下面的几种呢？可以还是不可以？来，你们来演示一遍。

师：本组成员帮忙，地球围绕太阳转，不自转。

生：昼—昼—昼。

师：有没有不同意见？

其他组再演示。

生：昼—夜—昼—夜—昼—夜—昼—夜。

师：刚才他们演示的是不是第6种观点？

生：不是。

师：他们错在哪里？

师：太阳绕着地球的速度和地球自转的速度一样，所以一直是昼。我们不能直接把它否定掉。看来，今天的这节课我们还没有足够的证据证明这种观点是正确的。

……

师：我们来看一下，这么多的运动方式，通过模拟实验我们发现有些是合理的，有些是不合理的，那么真正出现昼夜交替现象的原因是不是只有一种？这一种有可能在我们的猜测里，也有可能不在，所以需要我们大家课后继续学习，寻找新的证据，直到找到出现昼夜交替现象的真正原因。

三、思考

教师提出昼夜交替是如何发生的，大多数同学会卡住，有少部分同学之前看过相关的书可以做出一些推测，个别同学能够在推测的基础上提出自己的看法，如说太阳和地球一起运动，地球围绕太阳公转等。其实课上出现这种情况很正常，同学们对这方面知识缺乏直观经验，没有知识储备，直接让他们毫无根据地推测，难度很大，而且可能存在胡乱的假说。要验证这些猜想，一旦教师提出建立模型，学生根据书本提示很容易想到需要光源（如手电筒、蜡烛），然而聪明的同学认为蜡烛要比手电筒更好，虽然光暗一点，但是蜡烛光线是向四周散发的，与太阳更相似。课前我为学生准备了蜡烛和火柴，学生都很高兴。我用学具袋里的材料做好地球仪，本想让他们贴上地形外观的，课堂时间太少，只能先让学生做好标志。做完这个实验，学生会有许多发现，他们并不会全部认同书本上的猜测。其一就是地球围绕太阳公转这个猜测有的学生认为是不正确的。我让学生演示了他们的实验方法后，就有学生马上出来反对。原因是前一组学生认为地球围绕太阳旋转只有一面始终被照到，而其他面一直都不会被照到。事实上学生对于地球公转的旋转角度变化和方向理解还不够清晰。其二就是由于我是让学生将地球从地球仪装置上拿下来的，其实就相当是一个球体，并没有将地球倾斜一定角度放置，而是与光源始终平行的，并尽量保持在同一水平面。因此，有学生就提出来地球自转时，地球的最北部和最南部，即南极和北极有些地区并没有发生昼夜交替现象，这个猜想也是不能完全解释昼夜交替现象的。我肯定了学生的发现，并没有马上为他们做详细解释，而是留下包袱，放在本单元后续探究中发现。

由上述的教学片段可以看出，有价值的质疑是建立在有效探究基础之上的，学生根据自己的猜测，去实践、去模拟，并根据观察到的现象提出有价值的问题。这一过程中，特别是对于这种较为抽象的课例，教师的引领作用很重要。

水和水蒸气

一、教材简析

“水和水蒸气”是教科版三年级下册“温度与水的变化”单元的教学内容。本单元核心概念为引导学生探究温度和水状态变化之间的关系。落实到“水和水蒸气”一课的具体概念则是“由于温度变化，水和水蒸气可以互相转化；水变成水蒸气存在于空气中，水蒸气的微粒太小，用肉眼看不见”。本课作为单元第6课的教学内容，学生之前已经经历了“温度表示物体冷热程度，使用温度计测量物体温度”“由于温度变化，水和冰可以互相转化”及“杯壁上的小水珠从哪里来”的探究学习。前一课“水珠从哪里来”，与本课共同组成探究水的液态与气态之间的变化的研究活动。

水能变成气态，那么，水会从气态再回到液态吗？当水蒸气变冷后会再变成水，我们把这一过程称为凝结。当温暖、潮湿的空气很快变冷时，凝结便可能发生。为了观察这一变化，教材中学生把一个大而空的杯子倒扣在一个装满热水的小杯子上，当杯子里的水蒸发时，水蒸气会凝结出现在大杯子内表面上(杯壁有许多小水珠)。由此，学生可以对上节课中盛冰的玻璃杯外壁上形成的小水珠做出“新”的解释了：由于冰使盛冰容器的外壁变冷，于是水蒸气遇冷凝结成小水珠停留在盛冰容器的外壁上。

二、课例实录

活动三：探究水变成水蒸气的实验。

师：老师给大家准备了不锈钢调羹、塑料调羹、烧杯、蜡烛、火柴。

师：把蜡烛点燃，再用不锈钢调羹舀一点水，放在火焰的外焰上加热。

生分组做实验。

师：现在我们观察到什么现象？

生：蜡烛点着后，调羹上的水蒸发了。

生：水上面起泡泡。

生：还冒烟。

师：我们稍微等一下，有几个组还没有准备好。我们要认真观察，看看还有没有其他的发现。

生：我还观察到勺子后面变黑了。

师：老师这个勺子里还有没有水？

有的学生回答有，有的学生回答没有。

教师取一点水在黑板上写。

生：有。

师：我这里的水也在蒸发，也减少了。从这个实验中你有什么发现？

生：水蒸发得快慢和温度无关。

师：有不同意见吗？

生：不同意，水蒸发得快慢和温度有关。

师：请每个组领一杯水，然后用手摸一摸杯壁。

生领一个玻璃杯，里面装着温水，用手摸。

生：有点点暖。

师：再拿一片玻璃片，把它盖上，看看有什么发现。

生：玻璃上有水蒸气。

师：你看到水蒸气了？

生：出现白雾。

生：玻璃片上有水。

师：为什么会出现白雾、出现水？

生：因为里面的水蒸气被盖住，碰到冷冰冰的玻璃，就变成了水。

师：在科学上，我们把水蒸气变成水的过程，叫凝结。

师：那你知道，为什么水蒸气在玻璃片上凝结成水吗？

生：因为水蒸气被玻璃盖住了。

生：是经过冷冻后。

师：为什么是经过冷冻后？

生：感觉。

师：我现在用酒精灯给玻璃片加热，另外用一块没有加热过的玻璃，分别盖在两杯温水上。（在实物投影上展示）看到了什么？

生：热的玻璃还能看清楚，说明它上面没有水蒸气。冷的玻璃已经看不清楚了，说明有水蒸气凝结了。

师：水蒸气遇冷，就会凝结成水。

师：老师这儿有一杯冰块，我先把外面擦干，过一会儿会有什么现象？

生：杯子外又出现了小水珠。

三、思考

水蒸气是看不见、摸不着的，但确实存在于我们的身边，要让三年级的学生明白水蒸气的这些特征，非常不容易！怎样让抽象的东西具体化？我首先是采用直观的实验对比图片，让学生明白水的减少是因为水变成水蒸气，水蒸发得快慢和温度有关；再让学生做水蒸发的实验，亲眼见证水蒸发的过程；之后利用盖在温水杯上的玻璃片让学生观察到水蒸气的凝结；最后的冰块瓶因为时间原因没有很好地展示，但体现了很好的设计思路，这个实验和前面的玻璃片实验组合成一个整体，希望学生能从多角度感受到水蒸气无处不在。

爱因斯坦说过：提出一个问题，往往比解决一个问题更重要。成功地营造良好的学习氛围，使学生在平等、宽松、活泼的环境之下，在教师的关怀与鼓励之中，不断获得人格上的尊重，体验到学习的进步，从而获得自信，享受成功的乐趣，无疑是激发学生产生质疑的一个有效的途径与手段。本环节的教学内容，教师正是为学生创设类似于生活的真实情境让学生做、思结合，有效达成教学效果。

声音的产生

一、教材简析

"声音的产生"是教科版小学科学四年级上册"奇妙的声音王国"单元第1课的内容。它属于"科学探究"的目标系列，通过实验和观察认识声音是由物体振动产生的，培养学生的实验观察能力和分析概括、创新能力。主要通过让学生运用多种方法和常见材料来"制造声音"，并对发声的物体与不发声的物体进行观察、比较，就观察到的现象进行积极思考，建立起"声音是由物体振动产生的"的初步感性认识。最后从正反取证，验证假设，培养了学生多方面的能力，特别是让学生经历了整个探索求知的过程。

二、课例实录

过渡问题：那发声的物体都在振动吗？

例如，敲音叉，让学生观看敲音叉放入水中的一段视频。

师问：实验过程中，出现了什么现象？

生：水被喷射出来了。

师追问：为什么水会被喷射出来？

生：因为音叉的振动。

探究证明：同桌一起活动，拨动一根橡皮筋使它发出声音，另一根橡皮筋不发出声音。

观察：

(1) 发声的皮筋和不发声的皮筋的不同。

(2) 如果抓住皮筋，使之不振动，还会发出声音吗？

(3) 皮筋的振动与发出的声音有关吗？

生反馈：

(1) 发声的皮筋振动，不发声的皮筋不振动。

(2) 如果抓住皮筋，使之不振动，就不会发出声音了。

(3) 皮筋的振动与发出的声音有关，振动的时候有声音，不振动的时候没有声音。

全班学生交流反馈：当鼓锣、尺子、皮筋停止发出声音的时候它们都会停止振动。

师问：现在大家觉得声音是怎么产生的？

生：声音就是由振动产生的。

师板书：声音产生的秘密是由于物体的振动。

师播放一段振动的视频。

三、思考

“学起于思，思源于疑。”如果学生感觉不到问题的存在，学习也就只能停留在认识表层，而不会深入思考。在教学过程中教师要善于抓住学生认知过程中的矛盾点以引发学生的认知冲突，激发学生的探究欲望。当学生兴致勃勃地利用实验材料做完第一组实验后，学生虽然总结出物体振动产生声音，但是心中还是有疑问的，有些物体发声时没有看到明显的振动。是不是所有物体发声时都振动呢？如果都振动，振动就是声音产生的原因。用第二组实验证明，敲击桌面，我们虽然可以用手感受声音产生时的振动，但是手的感觉并不准确，让学生想办法解决这个问题，学生自然会想到利用轻小的物体，借助轻小物体观察物体的振动。第二组实验做完后进一步总结声音产生的原因。

到此大部分学生都理解了振动，最后利用尺子反证如果振动停止声音也停止，而用弹、拨等其他方法停止了，声音不一定停止，从而回到学生的第一个疑问，进一步巩固物体振动产生声音的概念。因此，课堂上，我们要尽可能关注学生提出的每一个问题，特别是那些有价值的问题，让他们自己去研究和解决，这是提高学生思维能力最有效的途径。

第三篇

教育随笔

——科学教育感悟

1. 教育要适应和促进儿童的个性发展

——谈小学科学教育中的因材施教

大教育家卢梭认为：儿童不但与成人有区别，儿童本身也因年龄阶段不同而表现出不同的特点。同时，他还认为：儿童的天赋是不同的，有“高”“下”之分，有的儿童貌似愚钝，实际却很聪明，有的儿童年幼时被人认为愚笨，头脑简单，然而后来却成为出色的思想家、哲学家。由他的理论我想到了美国教育家加德纳的多元智能理论，应该说他们的观点都是一致的，教育中，我们不应该忽视每一位孩子，虽然有些孩子某些方面的天赋的确不如常人，对于这样的孩子，我们应该给予更多的关注。

我想到了几年前教过的一名学生，从一年级开始，他就和其他的孩子不一样，写不好字，做不好数学题，考试基本上都是个位数，老师们也都习惯了。好在这个孩子比较勤快，喜欢劳动，平时打扫教室的事情抢着干，和同学们关系也很好，所以虽然成绩很差，但是老师和同学们都不讨厌他。从四年级开始，我任教他的科学课。

接手班级之前，班主任老师已经和我交流了他的情况，所以接班以后我下定决心多关注他。开学的第一节课，他就给我留下了深刻印象。他和同学们一起到实验室后，看到黑板上还有上节课的板书，望望我，然后很自然地就把黑板擦干净了。我当着全班同学的面大声表扬了他。那节课，我感觉他坐得特别正、特别直。

后来的教学中，他俨然成了我的小助手，帮我擦黑板，课前帮我准备实验器材，有时候我让同学们帮忙搜集准备实验器材，他总是比其他同学积极，带来的实验材料质量也高。有一次，教学“神奇的小动机”，课前我安排学生搜集家中的废旧玩具，把小电动机拆下来带到课堂上研究，他竟然带来了4个旧的小电动机，他不仅在自己家里寻找，还央求表弟表妹把废旧电动玩具送给他。跟随父母外出旅游，回来后他交给我近20块旅游地的岩石标本。观察月相需要学生有一定的毅力，因此，大部分的孩子都不能够坚持一个月，可是他却能够坚持下来，并且上交了他工工整整画的月相图。

科技节的时候，他请求当我的小助手，连续三年的科技节，他总喜欢跟在我的后面，帮我准备器材、清理比赛场地，而我也会适时予以鼓励。

四年级第一学期的期末考试，他的科学笔试部分竟然考了 39 分（满分 60 分），班主任老师不敢相信自己的眼睛，连声问我是不是改错了？我重新审视了他的试卷，不会写字，他用画图的形式来展示研究方案，还有的用拼音代替。期末总结会上，我特意表扬了他。后来，我多次和他聊天，鼓励他把科学课上有趣的事情写下来或画下来，交给语文老师，语文老师也很兴奋，没想到他还能够学会写作文。到了五年级，他作文写得已经很好了，好像突然开窍了一样，原来很多不会写的字也能够写出来了。六年级毕业的时候，他的科学测试笔试部分竟然得了 58 分（满分 60 分）！小学毕业典礼的那一天，他的爸爸也来了，并且给我深深地鞠了一个躬。那一刻，我泪流满面，我有了一种小小的成就感！

所以，请我们牢记卢梭的话：要尊重儿童，不要急于对他做出或好或坏的评判。如果我们能够按照儿童的天性、个性特点去施教，就可以培养出有见识、有性格，身体和头脑健康，道德完善，有良好修养，具有新价值、新信念的人。

2. 多元智能理论在小学科学教学中的应用

——从指导学生填写实验研究报告说起

指导学生做实验,免不了要指导学生写研究报告,在老师的指导之下,有的学生做起来很容易;有的学生做起来很吃力,但最后也能完成;也有少部分学生,一个学期结束了,也不能够完成一份完整的研究报告。

我把学生做的研究报告收上来,仔细研读,发现大部分不会写报告的学生也知道一份完整的研究报告所包括的几部分,做不好的地方在表达方式上,特别是研究的过程要求用语言的形式表达,很多学生就做得不够好,但是他们的实验操作却很好,看来是报告的呈现方式有些单一了。于是,再做实验报告的时候,我就鼓励学生用自己喜欢的方式来展示。喜欢用文字表达的就用文字描述,喜欢画画的就用图画表达,都不喜欢的也可以把自己的想法说给小组同学听。在我的鼓励之下,我发现学生喜欢做研究报告了,有的用文字写,有的用图画,还有的用图画加文字的形式表达,个别学生竟然学会了用流程图表示(在我还没指导他们用流程图的时候)。细细统计下来,我惊喜地发现,不会做实验报告的孩子几乎没有了。

加德纳教授认为:人类的智能是多元化的,每一个人都拥有包含语言文字、数学逻辑、视觉空间、身体运动、音乐旋律、人际关系、自我认知等在内的九种智能。而每个人都有自己的优势智能,利用好优势智能,能够有效提高学习的积极性和效果。

正如做研究报告,当学生用自己的优势智能完成某种工作的时候,他的内心是欣喜的,是充满自豪感的,这正是教育的目的所在。我们不可能要求每一个学生在每一方面都很优秀。大数学家华罗庚对语文的学习就不感兴趣,作家韩寒对数学也不太精通,术业有专攻,对于大部分孩子来说,每一种智能都很突出的可能性很小,如果我们能够指导学生科学合理地利用优势智能,做自己感兴趣的事情,并努力将这种兴趣迁移到其他方面,培养其相对劣势的智能,将能够有效促进学生全面发展。

3. 关于说课的思考

很荣幸，我被聘请为宿豫区第二十二届“新秀杯”教学大赛的评委。全程参与32位选手的说课和18位选手的上课，感想颇多。下面就以说课为例，谈谈个人的一些看法。

通过查阅相关的资料，加之自己的理解，我认为，一般情况下，说课主要包括以下四个方面，即：

说教材。在个人钻研教材的基础上，说清本节课的教学内容的主要特点，它在整个教材中的位置、作用和前后联系，并说出教者是如何根据课程标准和教材内容的要求确定本节课的教学目的、目标、重点、难点和关键的。

说教法。主要是说明“怎样教”和“为什么这样教”的道理。要解释教者是用什么方法落实“双基”、渗透德育、培养能力、开发智力的，还要说出教者在教学中如何发挥主导作用，以及如何处理教与学、讲与练的关系。同时要说出教该课时如何使用教具、学具或电教手段。

说学法。主要说明学生要“怎样学”的问题和“为什么这样学”的道理。要讲清教者是如何激发学生的学习兴趣、调动积极思维、强化学生主动意识的，还要讲出教者是怎样根据年级特点和学生的年龄、心理特征，运用哪些学习规律指导学生进行学习的。

说课堂教学过程。这是说课的主要环节，要说明教学设计的具体思路，课堂教学的结构安排和优化过程，以及教学层衔接与教学环节转换之间的逻辑关系。

在比赛中，我发现很多选手在说课过程中存在较多的问题，具体表现在：

（1）教材分析过多。说课时间一般要求控制在10—15分钟，有的选手教材分析部分就占用了5分钟，而且分析大致相同，创新性的内容很难体现。

（2）说教法、学法时，喜欢穿靴戴帽式的集中“说理”，造成教例与教理“油水分离”。有些选手喜欢照搬或直接背诵一段教育理论，无论说什么学科什么内容，一律“拿来主义”，大有一副“我用了很多教育理论总不是坏事儿吧”的奔赴战场的感觉。

（3）说教学流程时，喜欢运用课堂内师生的原话，不能够运用概括和转述的语言，混淆说课和演课以及上课的关系。

（4）抓不住重点。把40分钟的准备时间花费在编写如何说教材、说教法学法上，已无过多时间来研究并编写如何说教学流程，所以在说课时，说教学过程就显得潦潦草草，给人驾驭不了课堂的感觉。

针对选手们在说课比赛中出现的问题，我想提几点看法：

（1）说教材要“准”。不要长篇大论，要简明扼要地说出教材的地位、作用，明确提出本课时的具体教学目标。

（2）说教法、学法要“明”，要有针对性。说课者要根据教学内容、教学对象的特点，从实际出发，选择恰当的教学方法，并简单地加以阐述。切忌照搬别人的理论，当作“万金油”用于各类教学内容和教学对象。

（3）说教学过程要“透”。说教学过程是说课的重点部分，它反映教师的教学思想、教学个性与风格，也只有通过对教学过程设计的阐述，才能看到其教学安排是否合理、科学，是否具有艺术性。这部分一定要让听讲人听清楚“教的是什么”“怎样教的”“为什么这样教”才能达到效果。另外，还可以说说板书设计，强化教学重难点。因此，在说课的准备环节，教师要通盘备课，将对教材的分析、教学法的运用和教学流程的设计作为一个整体去考虑，而不是人为地割裂。

另外，我个人认为最好把说教法、学法融入说教学过程中，做到理论与实践结合，提高说课的实效性。

4. 也谈"用教材教"

几年前,常听到与新课改相关的一句话就是"用教材教,而不是教教材",刚开始,不知道这句话是什么意思,经过多年的实践我才算真正理解。

所谓"用教材教",就是以教材为依托,教给学生学习的方法,培养学生的学习能力,让学生掌握学习的技能,而不是教材有什么我们就教什么,那就成"照本宣科"了。

2010年,宿迁市教育局安排我为全市小学科学教学研讨活动提供一节示范课,上什么内容好呢?我带三年级的科学,根据教学进度安排,我选择了"比较水的多少"一课,教材内容分为四大块,第一块:猜一猜不同形状瓶子里的水哪个多哪个少;第二块:讨论并选择用一种方法比较几个瓶子里的水多少的问题;第三块:用自制的测量工具测量瓶子里的水到底多多少的问题;第四块:学习使用量筒测量瓶子里水的多少。用一节课的时间来完成这四块内容还是有难度的,即使完成了,那也会给人以囫囵吞枣的感觉,教学效果肯定不好,怎么办呢?我把教材和教参拿过来细细研读,首先教学目标定位要准确,然后是找准教学的重难点。经过反复权衡,我把目标定位为:通过多种方法比较液体多少,使用标准和非标准单位测量液体的体积,帮助学生建立科学的标准。教学的重点为:学会用多种方法比较水的多少,正确掌握量筒的使用方法。第一环节,我让学生在猜测几瓶水哪个多哪个少的基础上,充分让他们说说有哪些方法可以验证猜测结果,结果学生说出了近10种方法。然后我让学生到"材料超市"选择材料去做,这一环节用了足足15分钟。因为只有让学生充分地动手,才能够从心底真正认识到实践的重要性。后面一个环节——认识非标准单位测量会使结果不准确,我把分组实验变成了演示实验,即我准备了两个大小不同的一次性塑料杯,分别从下往上贴上了长度单位(厘米),然后把同一瓶子里的水分别倒进两个杯子里,学生会发现两次结果不一样,这样就认识到用长度单位来测量水的体积不合适。为什么这一环节要改成演示实验呢?一方面是为了节省时间;另一方面是因为我在试上的时候发现很多学生画刻度非常慢,而且不准确,这样就会造成实验结论不科学,所以我做了演示实验。我认为只要能够达到最好的教学效果,我们就要根据实际情况进行适当的调整。最后一个环节,学习使用量筒测量瓶子里的水，我把它定位为本节课的教学重点。首先，我让小组的同学认真观察量筒，认识其结构。接下来，我没有采用惯用的做法，讲解量筒读数问题，而是让学生用量筒测量同号瓶子里水的体积（同号瓶子里的水是一样多的），把每组汇报的测量结果写在黑板上，再让学生对照黑板看一看，找一找原因，为什么每组测量的结果不一样。大部分的小组同学会说可能是水撒到地上了或者说瓶子里的水没有倒完，这时候我点出最关键的问题——怎么读数。通过图文并茂的多媒体演示，学生很容易就掌握了正确方法，然后再实际操作一遍，效果非常好。这其实就是一个简单的顺序问题，但是所取得的效果却大不相同。

用教材教，只是一种理念，一种思想，如何真正落实于实际行动中，是我们每位教师在备课时应该认真思考的问题。

5. 孩子，让我做你的拐杖，好吗？

2010年秋季，我接手三年级六个班的科学课教学任务。开学初不久，按照教学计划，昨天三(6)班有一节课是在室外上的，内容为“观察大树”，主要教学目标是指导学生运用多种感官及借助放大镜、卷尺等工具进行有顺序的观察，培养学生细致的观察能力。

分好了组，正准备到教室外面的走廊里站队，这时，一个怯生生的声音传过来：“老师，我也可以去吗？”抬头一看，是一个长着一双水灵灵大眼睛的女孩在问我。怎么回事？我走到她的身边一看，原来这个孩子双腿有比较严重的问题(后来我向其他老师了解得知该学生患有先天性的小儿麻痹)，走路非常不方便，上下楼梯需要老师或家长背着。我蹲下身子，拉起她的小手，轻轻问：“以前有室外课，都出去上吗？”她摇摇头。“那你今天也不要出去了，在教室里看书吧。”小女孩点了点头。我从图书柜上选了两本科普读物递给她。

室外观察活动结束，我让学生分别用语言和图画的形式描述昨天看到的大树。“老师，我昨天没有到外面上课，我不知道怎么画。”又是那个孩子，听她的声音，感觉她似乎要哭了。我连忙走到她的身边，拉起她的小手，说了些安慰的话，泪水在我的眼眶里打转，我一阵心酸。

是的，对于这样的孩子，我们一味强调的是安全，为了绝对的安全，禁止孩子参加一切对于他们来说很渴望的活动。昨天的我，不就是害怕那个小女孩走路不稳容易出事故吗？怎么就没有认真关注孩子那渴望的眼神呢？怎么就没想办法帮帮她呢？我不是一个好老师，在这件事情上，连称职的老师都算不上。

孩子，老师向你保证，这样的事情以后再也不会发生了！在以后的学习中，让老师做你的拐杖，好吗？

6. 一杯茶叶

在我的办公桌上有一个透明的塑料杯，里面放着茶叶，准确地说，不是茶叶，是一些可以冲饮的中药材，有胖大海、金银花、车前草等。这个杯子在我的办公桌上已经放一年了，我没有喝，里面的中药材早已干枯了，我准备一直把它放在桌上。因为它时刻在提醒着我，让我时刻记着自己的职业，记着自己工作的对象，记着应该用怎样的态度对待工作。

还记得那是2012年的冬天，有一段时间天气十分寒冷，我咳嗽、感冒，几节课下来，疲惫极了，最糟糕的是嗓子哑了，心情特别不好。

又一节课来到了，刚走到教室门口，就听到教室里传来吵闹声，我生气急了，三步并作两步，冲到讲台前，拿起教棒狠狠地敲了两下讲桌，大声用嘶哑的嗓子喊道："你们吵什么吵？还想不想上课？"学生被我的举动惊呆了，他们从未看到我像今天这样发怒。有几个女生用恐惧的目光望着我，教室里顿时安静下来了。就这样，我上完了一节课。可能由于我的举动让学生很害怕，整节课课堂纪律出奇地好，但这不是我所期望的，因为这节课上得沉闷、死板，学生发言的积极性一点都不高。

一天后的一个课间，一个小女孩跑到我的身边，交给我一个盛放中药材的杯子和一封信，孩子在信中写道：王老师，是我们班的同学表现不好，让您生气了。您消消气吧，我们以后保证做好。您的嗓子哑了，我妈妈说胖大海还有金银花泡茶喝能够治疗嗓子，我就央求她给我买了一点，您喝吧。喝了就可以给我们上课了。

三年级的孩子，有些字还不会写，是用拼音代替的，但我却觉得那是世间最美的文字！

我的眼睛湿润了！这个小女孩给我的印象并不深，可是她却如此细心，如此关心我！想想自己在课堂上的表现，我真的为自己汗颜，怎么能够那样粗鲁地对待那群孩子呢？他们不就是讲话吗，哪有孩子不爱吵闹的，不吵闹了那还是孩子吗？我的吼叫声也许能够让孩子安静下来，但是却扼杀了孩子的创造力，限制了孩子的思维，这样的安静有什么意义呢？

那件事情之后，我想到了很多很多。

7. 那一次感动

师爱是教师职业道路上永恒的主题。从走上教育工作岗位的那一天起，我就牢牢地记住这一点。可是不知从什么时候开始，我和许多老师一样，更多关注品学兼优的好学生，忽视了成绩较差或个性特别的“另类学生”，是那一次，让我重新审视了自己的行为。

那还是五年前发生的一件事情，我记忆犹新。一天夜里我在女生宿舍值班，第二天感冒了，学生问我怎么了，我说可能是值班室的被子太薄了，感冒了。没想到我不经意的一句话，却让一个孩子牢牢记住了。

再一次轮到我值班时，我像以往那样，先到宿舍区巡视，检查学生的休息情况，然后去值班室休息。我发现值班室的床被收拾得整整齐齐，并且比上次值班时多了一床厚厚的棉被。哪来的被子？宿舍管理员也不清楚，但她告诉我肯定不是学校新添置的。会不会是学生的被子？对，可能是学生的被子。想到这里，我再一次来到我们班的女生宿舍，果然不出我所料——舍长供出了秘密，是有个学生怕我再次感冒，把自己的被子抱到了值班室，而她自己正和另外一位学生挤在一张床上。我的眼睛湿润了，不禁想起平时对她的态度，感到万分惭愧。

她是个文静、内向的孩子，上学期刚从外县转到我们学校来，说话带着浓浓的地方口音，调皮的男孩总喜欢学她讲话，所以在教室里很少听到她说话，即使回答问题，也是声音小得像蚊子。我查看她以前的素质发展报告册，成绩居于中等偏下，老师的评语多是勉励她树立自信心，在学习上要注意方法等。对于这样的孩子，我没有给予过多的关注，渐渐地，似乎把她遗忘了。可是这个孩子却记住了老师一句平常的话语，并付诸实际行动，我的脸红了。

从那以后，我对她的关注多了一些，渐渐地，我发现她身上有很多闪光点。比如说，她在努力学习说普通话，她的嗓音很甜美，她的儿童画想象力丰富，多次受到美术老师的夸奖。我适时鼓励了她，后来她在课堂上听讲更认真了，小手举起的次数多了起来，回答问题的声音也响亮多了。早读课上我指导她朗读，她的进步非常快，可以说超出了我的想象。后来在年级组举行的朗读比赛中，她获得了二等奖。期中测试，她的成绩也有了显著的提高。

像她这样的后进生，每个班级都有。他们有很多优点，也很有潜力，但我们经常戴着有色眼镜去看他们，致使他们身上的闪光点没有更多地显现出来。如果我们把每一位孩子都当成可雕琢的玉石根据其特点精心打磨，总有一天，他们的价值会被发现！

我永远忘不了那一次感动！

8. 提高未成年人科学素养刻不容缓

推进未成年人科学素质建设，提高未成年人科学素养已经引起了党和国家的高度关注，但是和发达国家相比，我们的差距还很大。因此，着力培养青少年学生的科学创新精神和实践能力已刻不容缓。从目前的情况看，还存在许多问题，具体表现在：

（1）义务教育阶段科学教师，特别是小学科学教师力量薄弱。据统计，我市小学科学课的任课教师中，专职教师约占科学教师总数的35%，近65%为兼职教师。由于一个人的精力是有限的，这部分教师大都把精力花费在主要学科上，科学课都是简单上上，有时候把学生的分组实验简化为演示实验，即使是演示实验也不愿意去做，大部分时间照本宣科，面对枯燥的科普知识宣讲，学生很快就没了兴趣。长此以往，学生会越来越不喜欢科学课。

（2）科学教师的考评机制不够合理。据调查了解，大部分学校专职科学教师每周的课务安排都在16～18节，有的科学教师还要负责科学仪器室的管理工作，指导开展科技兴趣小组活动等，而同一所学校，语文、数学、英语老师每周的课时安排为12节左右，相比而言，科学教师的业务量偏重。即使是这样，在学期末考评的时候，任教科学课的教师得分可能还没有任教语文、数学课的教师高，因为大部分学校科学课的课时量只计算为语文、数学学科的60%。其实科学教师的隐形工作量也是很大的，实验器材的准备（有的实验材料仪器室没有，教师还要自制）就要耗费教师很多的时间，仪器的登记、保养更是如此。

（3）缺乏科普活动场馆，有一些科普场馆还需要门票。科技馆是普及科学知识的重要场所，也是广大青少年儿童喜欢的地方。建设科技馆需要投入很多的物力和财力，在苏北地区，如宿迁，现在还没有一所高档次的科技馆，这在一定程度上制约了少年儿童科学素养的快速提高。

作为一名科学教师，我非常期望青少年能够喜欢科学课，乐于参加科普活动。针对存在的问题，我想提几点建议：

（1）强力推进小学科学专职教师的配备。教育行政部门以文件的形式，强制要求各所学校（包括村级小学）都要配备专职科学教师，配备的名额根据学校的规模而定。

（2）加大对科学教师的培训力度，争取在最短的时间内提高教师的业务素质。首先，高校的师范类专业要开设科学专业，特别是小学科学专业（据调查了解，几年前，常州师范曾有这个专业，后来没有了，建议恢复），像南京师范大学、晓庄师范学院这些知名度高的师范学校更应该开设这个专业。其次，对现有的专职科学教师加强培训，因为这部分教师大都是“半路出家”，没有经过专门的科学专业的培训。再次，进行转岗培训，针对过剩的语文、数学教师进行转岗培训，配齐配足科学教师。

（3）学校完善考评机制，把科学教师负责仪器室管理和准备实验器材的时间算入科学教师的工作量。

（4）免费开放科技馆等科普活动场所，让更多的少年儿童有机会参观、学习。

（5）科技局、科协等单位要把提高青少年的科技素养当成一项重要的工作，应当联合教育局定期开展科普进校园活动，活动形式要多样化，如大手拉小手、科技大篷车、快乐校园行等，让学生在校园里就能感受到科学的神奇魅力，从而激发他们学科学、爱科学的热情。

9. 做一名科学老师，真的挺好

去苏州学习一个月，终于回来了！

周一早晨，刚进学校大门，三年级的一个孩子看到了我，惊喜地一边跑到我身边一边喊："王老师，您回来啦！我早就想您啦！"也许是自己很容易满足，当时心里真的很甜蜜。七点四十分，我到三年级各个班级转了一圈，看到我，教室里顿时炸开了锅，孩子们兴奋地跳起来了！三(1)班的"调皮虫"朱安迪不顾罗老师还在教室里，蹦蹦跳跳地跑到我的跟前说："王老师，我们太想您了！您怎么走了这么长的时间啊？"一个秀气的小女孩邓妮儿也拍着小手高兴地说："王老师终于回来了！我们又可以做实验了！"

路过三(6)班门口，我最关注的一位学生(双腿患有严重的麻痹症)也吃力地站了起来，摇摇晃晃地走到我身边，两只小手紧紧地握着我的一只大手，奶声奶气地说："王老师，今天我们班有科学课，你带我们做实验，好吗？"

……

看着孩子们一张张可爱的笑脸，感受他们小眼睛里流露出的欣喜以及对科学课的渴望，我陶醉了，我何德何能，孩子们竟然这样欢迎我？

想想以前，自己很多地方做得不够好。比如，为了节省时间，一些分组实验大大缩水，室外课变成了室内课，分组实验变成了演示实验。想到这些，我都脸红。本来今天还准备偷懒一次的，同时也为了赶教学进度，"蜗牛"一课在我外出期间被上过了，但是学生没有到室外认认真真地观察，所以他们非常渴望到大自然中寻找蜗牛、观察蜗牛。我立即改变了自己的想法：课程慢就慢点儿吧，还是应该满足孩子们的要求，让孩子们在大自然中去学习、去提高。想到这里，我对孩子们说："今天咱们就到学校的花园里去找蜗牛，老师为每组的两个同学提供一个放大镜，看谁的发现最多。"

就这样，我把三个班的孩子带到学校的花园里上了三节课，效果出奇地好。孩子们观察真仔细，发现真多！本来按照教学要求，第一课时只要求学生能够认识蜗牛的身体结构就行了，没想到孩子们发现了很多。三(5)班的李游观察到了蜗牛在排泄，我引导他们认识了蜗牛的排泄孔(吃东西和排泄是生命的特征，也是下一课时的教学内容)，这可是教学的难点，之前我正发愁不知道应该用什么方法和孩子说呢，因为蜗牛的排泄孔实在太小了,通过放大镜都不容易观察到。正是孩子们的善于观察,突破了教学的难点。

连续三节课上下来,我感觉身体很疲惫,但是我很快乐！真的,孩子们的收获是我快乐的源泉!

做一名科学老师,真的很幸福!

10. 生命教育永远不应该缺失

——由教学“动物”和“植物”单元想到的

2016年秋季，我担任了三年级五个班级科学课的教学任务。三年级的学生刚开始学习科学，所以学习积极性很高。根据教材安排，第一单元和第二单元分别是“植物”和“动物”的教学内容，教学的地点基本是在室外。记得上第二节科学课时，教学内容是“认识大树”，我将三(13)班50多名学生分成12个小组，要求他们在组长的带领下观察校园里的香樟树。学生们兴趣浓厚，有的用手摸，有的用放大镜看，有的用鼻子闻，还有的用尺子量，忙得不亦乐乎，我在小组间巡视指导，非常满意他们的学习状态。活动快结束的时候，一个小组的小组长告诉我，他们组有一位女同学摘了樟树叶。我一愣，因为在活动之前我和学生已经达成共识，我们只是观察，不能采摘，为什么还有同学违反要求呢？我来到那位女同学身旁询问原因，她说听妈妈说樟树叶有特殊的气味，可以驱除蚊子，因此她就想采摘些叶子带回家，并且还说树上那么多的树叶，即使摘一些，大树也不会死的。这边的事情还没处理完，另一个小组的组长又向我汇报，说他们组有两位同学在大树底下发现了蚂蚁，一位同学把一只蚂蚁踩死了，另一位同学用放大镜汇聚太阳光(9月份上的课，室外气温较高，阳光强烈)，对准蚂蚁，把蚂蚁烧死了。在后来教学“动物”单元，认识蚯蚓和蜗牛时，也多次出现学生扼杀小动物生命的现象。

这些现象引起了我深深的反思。“生命世界”是《小学科学课程标准》中的内容标准之一，明确通过该部分内容的学习，培养学生形成热爱大自然、爱护生物的情感。作为科学教师，要能够合理地利用教学资源优势，引导学生细心呵护每一片树叶，认真爱护每一种小动物，使学生得到潜移默化的生命教育，学会感恩大自然，感恩生命，并学会尊重生命和珍爱生命。我认为可以从以下两个方面做起：

(1) 让学生多接触大自然。经常带领学生走出教室，指导学生认识校园内的各种花草，从对花草树木、身边的小动物的认识过渡到对植物界、动物界乃至整个生命世界的深入探究。儿童是很单纯的，在这样的教育中，能够唤醒他们的情感体验，感悟生命的可爱，培养他们对生命的责任感，让他们懂得生命是多样的、平等的，认识到人与自然和谐相处的重要性，从而学会爱护生命。

2. 让学生开展种养殖体验活动。在近一个月的活动中,我目睹了部分学生对小生命的漠视,怎么办呢?让他们来体验吧。于是在教学“蜗牛”的内容时,我印制了一份《告家长书》,具体内容就是邀请学生和家长一起捉蜗牛、观察蜗牛、给蜗牛安个家,并能够把观察结果记录下来。如果能够坚持观察并撰写观察日记,奖励石头娃超市券(我校的一种激励机制,超市券可以兑换玩具和学习用品)一张;如果能够给蜗牛造一个家,让蜗牛生活得很舒服,同样奖励超市券一张;如果这两样都做到了,学期末将有资格参加“石头娃科学小学士”的申请。短短的十天时间,学生的行为让我刮目相看,很多家长反映,他们在照顾蜗牛的过程中可细心了,他们认识到一个小生命活下来是多么不容易,必须细心呵护。后来,有三年级学生参加了学校的养殖小组,记得有一只兔子病死了,几名学生哭得稀里哗啦,还为兔子举行了下葬仪式。正是在这个过程中,学生感受到生命的宝贵,并学会了呵护生命。

总之,科学教育不仅仅是教给学生科学知识,让他们掌握科学技能,还要关注他们的人文和生命教育,因为教育的最终目的是培养健全人格的人。

11. 教育是一门“慢”的艺术

在苏州跟岗学习期间,有幸聆听了美国哥伦比亚大学教育管理博士卢雪梅女士所做的“提高学习能力的锦囊”讲座,感受颇多,我对卢博士的“教育是一门慢的艺术,是一门改变的艺术”的说法非常认同,也非常有同感。

教育是一门慢的艺术,说得多么好!教育就是在慢的过程中改变,在慢的过程中进步!由此,我联想到前几天在网上看到台湾张文亮的一首小诗《带着蜗牛去散步》,感觉很有意思:

上帝给我一个任务,叫我牵一只蜗牛去散步。

我不能走得太快,蜗牛已经尽力爬,每次只是往前挪那么一点点。

我催它,我唬它,我责备它,蜗牛用抱歉的眼光看着我,仿佛说:人家已经尽力了嘛!

我拉它,我扯它,甚至想踢它,蜗牛受了伤,它流着汗,喘着气,往前爬……

真奇怪,为什么上帝叫我牵一只蜗牛去散步?

上帝啊!为什么?

天上一片安静。

唉!也许上帝抓蜗牛去了!

好吧!松手了!反正上帝不管了,我还管什么?让蜗牛往前爬,我在后面生闷气。

咦?我闻到花香,原来这边有个花园。我感到微风吹来,原来夜里的风这么温柔。

慢着!我听到鸟叫,我听到虫鸣,我看到满天的星斗多亮丽!

咦?我以前怎么没有这般细腻的体会?我忽然想起来,莫非是我弄错了!

是上帝叫一只蜗牛牵我去散步。

是啊,带着蜗牛去散步,我们才会放慢脚步,领略身边的美好。联想到自己的教学,不也是如此吗?

做班主任的时候,负责的班级有一个叫静的女孩,是从一所比较偏僻的村小转来的,据说父母长期在外面打工,她一直是在姥姥身边长大的,性格内向,说话带着浓浓的乡音,声音小得像苍蝇,调皮的男生总爱模仿她讲话,虽然转到了一所好学校,但是她看起来非常不快乐,甚至很自卑。

对于这样的孩子，我刚开始充满了爱心，课堂上尽量多关注她，多给她表现的机会，可是发现她的进步并不明显。数学老师也常常和我说起这个孩子，说她的数学基础很差，几次单元测验的成绩都特别差。慢慢地我也就对她失去了信心，心里还在自我安慰：对于一个刚从村小转来的孩子，还能要求她怎么样？

是一件小事改变了我的看法。那天我像往常一样批阅同学们的日记，一段文字映入了我的眼帘：看到同学们在体育课上跳绳跳得那么好，再看看自己，我很惭愧。不行，我必须好好练习，像同学们那样，这样跳绳比赛才不会拖班级的后腿。下定决心以后，我每天放学回家后都认真练，累得满头大汗，也不在乎。终于，我进步了，我现在跳绳已经和同学们一样好了，我为自己的进步感到骄傲。

多么朴实的语言！多么真切的感受！想想自己的表现，我汗颜了！是静没在进步吗？还是我的眼睛出了问题？哦，是我没有用心去感受孩子的进步。再仔细看看她的作业，似乎书写比以前好多了，虽然字看起来不算漂亮，但是能够看出来她还是认真去写了；再回忆一下，好像最近在课堂上有两次她是主动举手的；再想想看……静的确是在进步，只是我没用心去观察，只是我对她的期望值太高，希望她一下子就达到我的目标。

以后，我带着欣赏的眼光看静，是的，我发现她每天都在进步，而我越是鼓励她，她的进步就越快！一年下来，进校时普通话说得很不标准的她竟然参加了学校的朗诵比赛，并获得了二等奖！

现在我不做班主任了，但是我仍能真切地感受到：慢的教育，的确是一门艺术。在三年级的科学课上，我让学生用语言等感官描述观察到的树叶，刚开始时，孩子们只会简单地说一说不同树叶在颜色、形状等方面的不同点，而随着我的进一步引导，孩子们的发现变多了。他们不仅仅发现了不同树叶在颜色、形状方面的不同，还发现了树叶的许多相同之处，还有的孩子通过书籍、网络了解了大部分的树叶为什么在秋天会变黄。更令我高兴的是，很多孩子把在校园内打扫卫生时捡到的树叶收集起来，拼贴成了叶贴画！多么有创意的举动啊！我在时间的流逝中慢慢感受到了孩子们的进步！

带着蜗牛去散步，会让我们拥有更多的耐心和爱心对待每一位孩子，会让我们感受到孩子的每一点进步，会让我们学会宽容地对待孩子们暂时存在的缺点，还会让我们始终对孩子抱有信心！

让我们在慢的教育艺术中感受孩子的改变，聆听生命拔节的声音！

第四篇

在快乐中探究

——科学教育活动印迹

1. 方便面的研究

宿迁市宿豫张家港实验小学　陶园园　指导老师：王云

一、选题目的

方便面又称泡面、速食面、即食面，是一种可在短时间之内用热水泡熟食用的面制食品。方便面由于吃起来方便、快捷，得到了不同职业、不同年龄段人们的青睐，同时也不可避免地产生了一些副作用，如果我们长期、大量地食用，会对身体健康产生一定的影响。通过开展关于方便面研究的主题活动，培养同学们运用科学知识维护身体健康的意识。

这项研究活动从2013年9月开始，持续了3个多月，参与活动的成员由科技社团48名同学发展到全校2000多名师生和家人。根据对不同小组的人数进行统计，直接或间接参与方便面调查的人数已达近4000人。

二、活动内容

此次科普活动共分四个阶段：同学们食用方便面情况调查，方便面配料调查及认识，方便面对人体健康危害研究和宣传教育活动。

具体实施方案如下：

2013年9月　同学们食用方便面情况调查；

2013年10月　方便面配料调查及认识；

2013年11月　方便面对人体健康影响的研究；

2014年1月　少食用方便面宣传、教育活动。

1. 第一阶段：同学们食用方便面情况调查。

通过前期的调查，我们发现近一半同学的父母以卖菜、做小吃为生，还有近20%的同学是留守儿童。做小生意的父母每天早晨很早就外出谋生了，顾不得给同学们做早饭，而是给同学们零花钱自己买吃的，或者是买好成箱的方便面让他们作为早餐食用。还有的父母会把方便面作为零食装进同学们的书包。根据这种情况，我们设计了调查问卷，对我校2800名同学食用方便面情况进行了调查，问卷回收率为96%，通过统计和分析得到以下结果：

（1）你每个月至少要食用多少袋方便面？

A. 5袋以下　　B. 5~10袋　　C. 11袋以上

从结果来看，大部分同学每月食用方便面的袋数在5~10袋，具体分布如图1。

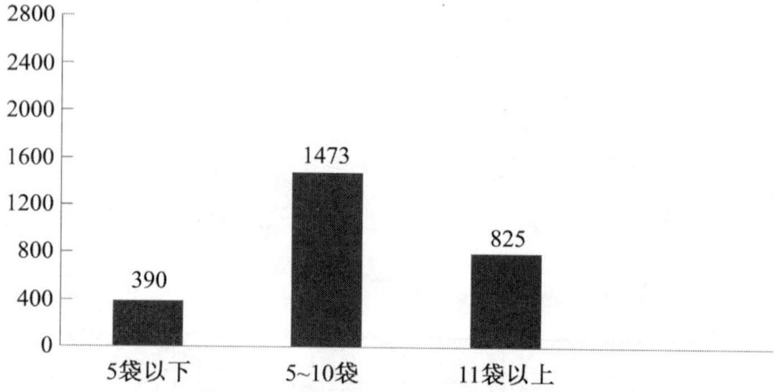

图1　学生食用方便面情况统计图

（2）你了解方便面的配料吗？（图2）

A. 不了解　　B. 了解一点　　C. 很了解

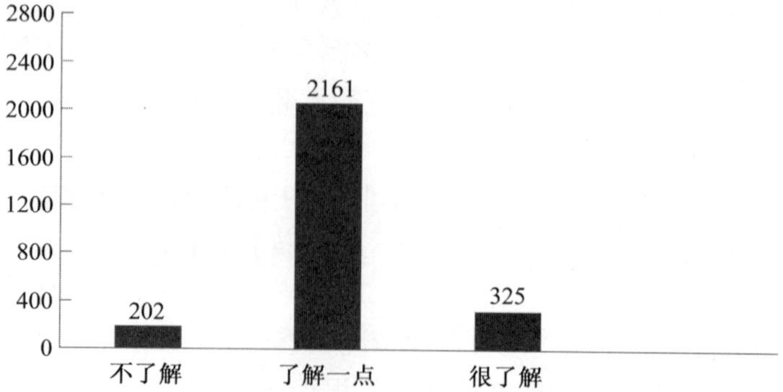

图2　学生对方便面配料了解情况统计图

（3）你为什么喜欢吃方便面？（不喜欢食用方便面的同学不选择）（图3）

A. 味道好　　　　　B. 父母没时间做饭，把方便面当作早餐

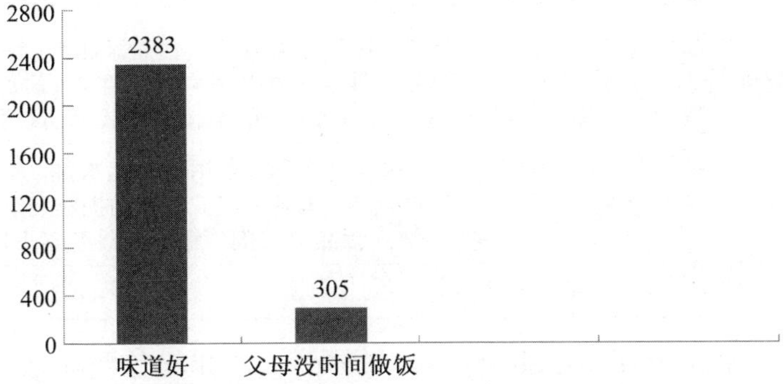

图3　学生喜欢吃方便面原因调查统计图

（4）你认为长期食用方便面对人体有害吗？（图4）

A. 有害　　　　　B. 不知道　　　　　C. 无害

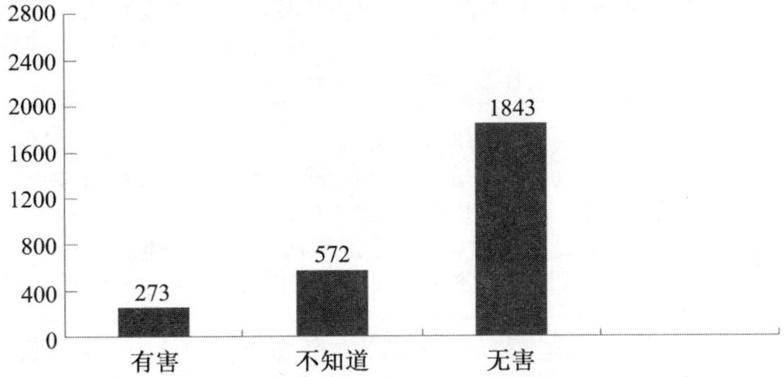

图4　长期食用方便面对人体危害认识调查统计图

2. 第二阶段：方便面配料调查及认识。

我们把"方便面的配料成分"作为研究主题，首先调查方便面的配料表。重点关注配料表中的"食品添加剂"成分，然后再通过网络、图书等途径了解配料中各种成分的作用。为了使研究活动顺利进行，活动课上我们把整个班级划分为四个小组，分别研究四种不同品牌方便面（康师傅方便面、白象方便面、统一方便面、五谷道场方便面）的配料组成。

通过近十天的调查，我们发现这几种方便面的配料都大同小异，大部分品种的方便面都有以下的配料成分：

类　别	组成成分
面饼配料	小麦粉、淀粉、谷朊粉、食用盐、食品添加剂(醋酸酯淀粉、瓜尔胶、三聚磷酸钠、焦磷酸钠、六偏磷酸钠、碳酸钠、碳酸钾、单甘油脂肪酸酯、磷脂、蔗糖脂肪酸酯、抗坏血酸棕榈酸酯)
调味粉包配料	食用盐、牛骨汤粉(牛骨、食用盐、麦芽糊精)、食品添加剂(谷氨酸钠、5′-呈味核苷酸二钠、焦糖色、甜蜜素)、牛肉粉(牛肉、牛油、葡萄糖)、白砂糖、麦芽糊精、水解植物蛋白、鸡肉粉(鸡肉、酵母抽提物、食用香精)
调味酱包配料	精制牛油、牛骨高汤(牛骨抽提物、牛油、食用盐)、猪板油、大豆色拉油、辣椒粉、花椒粉、香辛料、芝麻油、鸡骨高汤(鸡骨抽提物、猪骨抽提物、水、食用盐、鸡油、谷氨酸钠)、食品添加剂(辣椒红、维生素 E)
蔬菜包配料	脱水白菜,脱水青葱

接着,我们又分四个小组分别对面饼配料、调味粉包配料、调味酱包配料、蔬菜包配料的食品添加剂单独进行了调查,通过网络查阅、图书资料查阅等形式,认识这些配料中食品添加剂的作用。各小组研究结果见下表:

类　别	主要作用
面饼配料中的食品添加剂	磷脂、单硬脂酸甘油酯、聚甘油脂肪酸酯——乳化作用;三聚磷酸钠、六偏磷酸钠、焦磷酸钠、瓜尔胶——保水、防老化;碳酸钠、碳酸钾——膨松剂;5 -呈味核苷酸二钠——调味
调味粉包中的食品添加剂	谷氨酸钠——就是鲜味剂,俗称味精;5′-呈味核苷酸二钠——增味剂(鲜味剂); 焦糖色作酱油、糖果、醋、啤酒等的着色剂;甜蜜素——一种常用甜味剂,它的甜度是蔗糖的 30 ~ 40 倍,如果经常食用甜蜜素含量超标的饮料或其他食品,就会因摄入过量对人体的肝脏和神经系统造成危害,特别是对代谢排毒能力较弱的老人、孕妇、小孩危害更明显
调味酱包中的食品添加剂	辣椒红——是一种存在于成熟红辣椒果实中的四萜类橙红色色素;乳酸——具有很强的防腐保鲜功效,能够抑菌,延长保质期
蔬菜包配料中的食品添加剂	三聚磷酸钠——用于品质改良,还可起到嫩化的作用; 山梨糖醇液——能够防止食品发生干裂,保持食品新鲜,食用过多会引起腹泻;D-异抗坏血酸钠——一种抗氧保鲜剂,能延长保质期

3. 第三阶段:方便面对人体健康危害的研究。

各小组以 PPT 报告的形式,向大家汇报了各种配料的作用以及对人体的影响,然后组织同学们讨论方便面能否经常食用。通过大范围、深入的讨论,大家一致认为,经常食用方便面会对身体造成一定的影响。

4. 第四阶段:少食用方便面的宣传、教育活动。

各活动小组通过拟定、印刷并发放倡议书,制作手抄报、宣传海报,开展征文活动等形式认识多食用方便面的危害,让更多的学生杜绝食用方便面。

三、活动成果

（1）在活动过程中，同学们通过进班调查、查阅大量的资料、亲手做实验，学到了很多课堂上学不到的知识，更培养了他们的发散思维和科学探索精神。通过调查、研究，同学们认识了方便面的配料组成，特别是对配料中的食品添加剂的功能有了较全面的认识。

（2）增强了同学们以及家长对方便面的认识，为他们养成良好的饮食习惯提供了范例，提高了他们的健康意识，让他们认识到饮食健康对强健体魄的形成有着重要的意义。六年级的同学围绕“方便面的调查”这一主题活动，制作了近300份的手抄报，深化了对活动主题的认识。

（3）通过再一次的调查，我校2800多名同学中，有2600多名同学表示以后少吃（每月食用方便面在3袋以下）或者不吃方便面，占到同学总数的90%以上。

2. 研究纸陀螺

宿豫张家港实验小学石头娃科普小组　张国康　指导老师：王云

一、选题目的

陀螺是每个同学都喜欢的一种玩具，在玩的过程中，有的陀螺转得稳一些，转的时间长一些，也有的陀螺没转几秒钟就倒下了，还有的陀螺颜色很漂亮。我们想对同学们手中的陀螺进行研究，看一看什么样的陀螺转得稳定，且转的时间长一些；看一看转动起来陀螺的颜色会发生什么变化；研究陀螺有哪些玩法。由于同学们手中陀螺的品种、式样都不相同，所以没办法进行比较。怎么办呢？我们想到了用最简单的材料——A4 白纸、细棉签来研究。经过近一个月的反复实验，反复讨论，对实验数据进行反复分析，我们发现影响纸陀螺稳定性、长久性的因素有很多，其中棉签的长度、棉签杆穿插的位置会明显地影响纸陀螺转动的稳定性。纸陀螺的颜色在转动的时候也会发生改变。

二、活动内容

我们准备利用近一个月的时间（2015 年 10 月 3 日—10 月 31 日，活动时间为每天的 12：30—13：30），主要关注以下几个问题：

（1）认识陀螺，了解陀螺的发展历史及转动原理；

（2）影响纸陀螺转动时间和稳定性的因素；

（3）纸陀螺转动时颜色的变化；

（4）总结反思。

三、活动阶段

1. 第一阶段：2015 年 10 月 3 日—10 月 8 日。

查阅资料，了解陀螺的发展历史、特点及转动的原理（有些资料是家长帮忙查阅、提供的）。

陀螺的发展历史：在 19 世纪，法国的物理学家博科提出了“陀螺”这个词语。在英语中，陀螺就是“回转体”的意思。其实在 1700 多年前的中国晋代，早已经出现了另一种有趣的玩具——竹片蜻蜓。竹蜻蜓也是在空中转的回转体，所以说竹蜻蜓也是一种陀螺。

在我们周围的世界中，到处可以看到陀螺。一般常见的传统陀螺是用木头、塑胶或金属制的倒圆锥形状，前端大多为铁制材料，可以将陀螺钉制作成圆柱形、斧头状或尖锐形……经过长期的变化，现在的陀螺花样百出，且玩法创意多变，已有各式各样的材质与形状出现。

和木制的、铁质的陀螺相比，纸陀螺的制作更为简单，并且由于纸陀螺的体积小，所以只要利用大拇指和食指紧紧地握住纸陀螺的轴柄上端，急速捻转后把它放在桌上，纸陀螺就会独立旋转起来。在校园中，玩纸陀螺的同学特别多，所以本次研究我们使用的就是纸陀螺。

2. 第二阶段：2015 年 10 月 9 日—10 月 15 日。

研究影响纸陀螺转动时间和稳定性的因素。这个阶段，我们研究的时间最长，研究的材料比较简单，主要有 A4 纸、火柴杆，使用的工具有剪刀、圆规、铅笔、彩笔、透明胶。我们采用了对比实验法，进行了以下的研究（以下实验数据，取的都是各小组研究的平均值）：

（1）在大小基本相同的情况下，哪一种形状的陀螺（圆形、正方形、三角形、长方形）转的时间长？

形状	正方形	三角形	圆形	长方形
转动持续时间	1.2 秒	2.4 秒	7 秒	1.1 秒

（2）比较用直径不同的圆形纸片做纸陀螺，哪一种转的时间最长？

直径大小	3 厘米	6 厘米	9 厘米	12 厘米
转动持续时间	2.5 秒	4.6 秒	6.2 秒	5.3 秒

（3）纸陀螺和棉签杆接触的位置偏高还是偏低好？（总高度 6 厘米）

陀螺面与地面的距离	2 厘米	3 厘米	4 厘米	5 厘米
转动持续时间	2.8 秒	2.5 秒	1.3 秒	0.6 秒

3. 第三阶段：2015 年 10 月 16 日—10 月 22 日。

探究纸陀螺转动时颜色的变化。

我们将纸陀螺的表面三等分，分别涂上红色、黄色、蓝色和红色、绿色、蓝色，观察纸陀螺转动起来颜色有什么变化。

4. 第四阶段：2015 年 10 月 23 日—10 月 31 日。

撰写研究报告，对活动过程进行总结。

四、活动成果

在这个活动中，同学们对陀螺的探究都充满了兴趣，积极性很高，知识面也变宽了。很多同学还说服家长参与我们的研究活动，给我们提供了很多关

于陀螺的科学资料。在探究的过程中,我们有以下收获:

(1) 在大小基本相同的情况下,不同形状的纸陀螺转动持续的时间不相同,圆形纸陀螺转动持续的时间最长。

(2) 直径不同的圆形纸陀螺在其他条件都相同的情况下,纸陀螺的直径大一些的转动持续时间长。但是纸陀螺的直径也不能太大,如果太大了,纸陀螺就不容易转动起来了。

(3) 纸陀螺在转动的时候表面颜色会发生变化。如果是均匀涂的红色、黄色、蓝色,转动起来就是灰色接近白色;如果涂的是红色、绿色、蓝色,转动起来就变成了接近黑色。

五、收获与建议

(1) 通过本次的探究活动,我们不但学会了制作纸陀螺,还学会了很多种纸陀螺的玩法,特别有趣。通过纸陀螺比赛,同学们学会了团结合作,增强了凝聚力。

(2) 很多同学只是把从网上查阅或从书本上找到的资料进行复制,而没有进行深入的思考,一定程度上影响了我们研究的效果,希望同学们以后能够学会多动脑筋、多思考。另外,对于纸陀螺颜色的变化,我们发现的规律还不太明显,以后我们还将继续开展研究。

(3) 同学们要多思考,要学会创新,开发出更多的像纸陀螺这样的玩具出来。

3. 寻找淀粉的踪迹

宿豫张家港实验小学石头娃科普小组　龚伟强　指导教师：王云

一、选题目的

淀粉广泛存在于我们的生活中，特别是食物中，像马铃薯、米饭、饼干等食物中含有大量的淀粉，但本次实践活动的选题却源于偶然。有一天，老师给我们上科学课“米饭、淀粉和碘酒的变化”一课时，我们通过实验，将碘酒滴到不同的食物上，发现食物颜色会发生改变，如果食物中含有大量的淀粉，颜色就会变成蓝黑色或蓝紫色。科学老师说根据这一特性可以判断食物中是否含有淀粉，但是在上课的过程中发生了小意外，我们班张超同学不小心将碘酒洒到了作业本上，作业本也变成了蓝紫色，大家发出了惊呼声。为什么会出现这种情况？我们很困惑，老师也很纳闷，以前从没有遇到过这种情况，怎么办呢？经过商量，班级大部分同学都想对这个问题进行研究，于是我们就聘请教科学的王老师做我们的研究顾问，来研究这个问题。

二、活动内容

我们准备利用半个多月的时间探究碘酒使纸张变色的秘密，计划按照以下四个阶段进行：

(1) 认识碘的特性；

(2) 认识淀粉的特性；

(3) 收集各种各样的纸张，调查了解其成分；

(4) 分析碘酒能够使纸张变色的秘密。

具体时间安排如下：

2014年5月13日—16日，查阅资料、走访，了解碘酒的特性；

2014年5月17日—21日，查阅资料，了解淀粉的特性；

2014年5月22日—26日，搜集各种纸张，通过滴碘酒的方式对纸张进行研究；

2014年5月27日—30日，分析部分纸张遇到碘酒变色的秘密。

1. 第一阶段：查阅资料，了解碘的特性。

我们首先上网搜索资料，发现在生活中，碘大多存在于混合的物质中。碘酒就是用碘、碘化钾和乙醇制成的一种棕红色的透明液体，有碘和乙醇的特殊气味。碘酒又称碘酊，通常指用2% ~7%的碘单质与碘化钾溶于酒精和水的混合溶液构成的消毒液。碘酒是一种常见的药品，它能杀死细菌、真菌等，经常用于消毒伤口。

经过到几家药店询问，我们发现大部分的药店现在都没有碘酒售卖，只有碘伏。据药店的营业员说，现在人们一般很少使用碘酒，因为使用碘酒作为消毒剂，对皮肤有一定的伤害，所以使用碘伏比较多。那么碘伏又是一种什么液体呢？我们查阅了一些资料，又在一位同学家长的帮助下到宿迁市中医院采访了外科的朱医生，对碘伏有了初步的认识。

原来碘伏是单质碘与聚乙烯吡咯烷酮的不定型结合物。医院消毒用的碘伏通常浓度较低(1%或以下)，呈浅棕色。

我们又和医生及科学老师进行交流，他们认为我们的实验主要是关注碘与淀粉的反应，也就是说我们可以使用碘酒来做实验，也可以使用碘伏来做实验。

2. 第二阶段：了解淀粉的特性。

淀粉是一种多糖，是植物体中贮存的养分，贮存在种子和块茎中，各类植物中的淀粉含量都较高。淀粉可分为直链淀粉(糖淀粉)和支链淀粉(胶淀粉)。直链淀粉遇碘呈蓝黑色，支链淀粉遇碘呈紫红色。科学家的实验还证明，单独的碘分子不能使淀粉变蓝，实际上使淀粉变蓝的是碘离子。

3. 第三阶段：搜集各种纸张，通过滴碘酒的方式对纸张进行研究。

我们15位同学分成了3个小组，分别搜寻不同的纸张，并对搜寻的纸张进行分类，经过统计，我们将搜寻的纸张分成以下三大类，分别是：

(1) 按照纸的表面光滑程度，分为很粗糙的、比较粗糙的、比较光滑的、很光滑的四种；

(2) 按照纸上有字和无字，分为有字的纸和无字的纸两种(同一种纸质)；

(3) 按照纸的颜色深浅，分为深颜色、比较深的颜色、比较浅的颜色、浅颜色四种(同一种纸质)。

通过向纸张上滴碘酒来观察现象，我们发现：

(1) 纸的表面越光滑、越结实，滴入碘酒，颜色变化就越明显，说明纸中变性淀粉的含量就越高；

(2) 有字的纸和无字的纸，滴入碘酒，颜色变化无明显不同；

(3) 颜色浅的纸和颜色深的纸，滴入碘酒，颜色变化无明显不同。

4. 第四阶段：分析部分纸张遇到碘酒变色的秘密。

为什么同样是纸，遇到碘酒，发生的颜色改变却不一样呢？我们去学校的图书馆查阅资料，又通过网络搜索，终于找到了答案：原来纸制品的基本成分是纤维素，纸张在生产过程中，含有较多水的纤维浆液经压榨去水，纤维素紧密相连达到最佳结合。为此，必须将纤维素精磨成微纤维，增大交织面积，但过分精磨会失去固有的特性，如透气性、柔韧性和白度。而如果在纤维浆液中加入某种变性淀粉，不仅可以保持纸张固有的特性，还可给纸张增添一些特殊性能，如增加纸张的抗拉强度、光泽度，改善纸张的耐油墨性能和印刷性能，减少磨损和掉毛。超过60%的造纸厂在生产过程中使用变性淀粉。

原来一些纸张中含有变性淀粉！

通过对比，我们发现柔软的餐巾纸和光滑的作文稿纸相比较，餐巾纸本身的颜色变化不明显，作文稿纸整张纸都变成了蓝紫色。通过反复的实验，我们发现，纸的表面越光滑、越结实，滴入碘酒，颜色变化就越明显，说明纸中变性淀粉的含量就越高。

记得老师在上完“米饭、淀粉和碘酒的变化”一课后，布置我们回家用学到的科学方法给父母写一封“密信”，说说自己的心里话。现在我知道了用什么样的纸写，效果会更好。

三、收获与建议

（1）在此次科普活动中，同学们对科学探究充满了兴趣，积极性很高，我们的知识面又变宽了。有一位同学的爸爸在中医院，他介绍我们组的同学去认识外科的朱医生，给我们解决难题，我们非常开心。

（2）本次的探究活动，我们不但了解了碘酒能够使一些纸张变成蓝紫色的秘密，还知道了越是质量好的纸张，制作要求就越高，就要砍伐大量树木。因此，我们要节约用纸，这样就会减少树木的砍伐，保护森林，给人们的生活创造一个良好的环境。

4. 让绿色永驻

——爱绿、护绿科技教育活动方案

一、活动方案制定的背景与目标

江苏省宿迁市植物资源丰富，目前植物资源主要是杨树林以及湿地植物，宿迁市境内杨树覆盖率达42%（全国第一），2014年宿迁已成功创建全国绿色城市。但是由于受到环境污染、大肆砍伐树木等诸多因素的影响，本土植物有消失的趋势。通过活动的开展，学生了解了宿迁的本土植物，并通过行动来保护植物，提高了环保意识，为爱绿、护绿尽一份责任和义务，是我们本次活动的目的所在。

二、方案所涉及的对象

对象：宿迁市宿豫张家港实验小学三至六年级全体学生。

三、方案的主体部分

（一）活动内容

爱绿、护绿是一项长效性的工作，此项活动的开展周期也比较长，历时近半年时间。

（1）走进国家5A级风景区——三台山森林公园；

（2）以"植物"为主题的亲子摄影比赛；

（3）"爱绿、护绿"论坛活动；

（4）我为植物做名片；

（5）共植"童心林"活动；

（6）"让绿永驻"大型成果展览活动。

（二）重点、难点、创新点

重点：根据不同年龄段学生的特点，有序组织开展系列科普活动。

难点：

（1）活动的有序组织，特别是集体外出活动的项目，主要考虑安全因素。

（2）提前和校外活动基地联系，科技辅导员提前踩好点，预设活动中可能会出现的问题。

创新点：在活动中开展教育，是科学教育一条重要的途径，学生在活动中认识自然、感受自然。

学身边的科学,用学习的科学知识来改变生活,净化大自然,增强社会责任感,提升科学素养。

(三) 利用的各类科技教育资源(场所、资料、器材等)

场所:学校、三台山森林公园等。

资料:光盘(宿迁绿色城市宣传片)。

器材:照相机、摄影机等。

(四) 活动过程和步骤

宣传阶段(一周时间)

(1) 利用广播、国旗下讲话、发放告家长书等形式,做好“让绿永驻”大型主题活动的宣传发动工作。

(2) 各班级召开主题中队会,布置学生通过各种途径了解关于植物的知识,如植物的分类、不同类别的植物生活的自然环境、我国一些珍稀的植物品种等。

实施阶段(历时5个月)

1. 走进国家5A级风景区——三台山森林公园。

参加对象:五、六年级学生,共980名学生。

活动要求:乘坐大巴车到达距离学校2千米外的三台山森林公园,了解森林公园主要的树种组成,认识常见的绿色植物,感受“绿色天然氧吧”对人的影响,体会绿色植物的重要性。

组织安排:由学校少先大队部牵头组织,提前和三台山森林公园管理处做好对接,分两个批次进行,即每个年级一个批次。(两周时间)

2. 以“植物”为主题的亲子摄影比赛。

参加对象:六年级全体学生、家长。

活动要求:用相机拍摄眼中最美的宿迁地区植物,并附上说明书一张,要求写明植物拍摄的地点、植物名称及外貌特点等信息。把照片和说明书的电子稿发送至科技老师邮箱。

组织形式:学生“五一”期间,在家长的带领下,通过实地考察、上宿迁杨树网等形式了解宿迁现存的植被情况,并通过照片、观察日记等各种形式记录自己的发现。(两周时间)

3. “爱绿、护绿”论坛活动。

参加对象:四至六年级学生代表。

论坛主题:我为护绿出份力。

活动要求:活动分两步走。第一步,中队论坛。第二步,各中队选出3名学生组成代表队,参加校级论坛活动。

论坛主题:面对珍稀植物濒临灭绝边缘的现状,我们可以做些什么?

活动时间：两周。

4. 我为植物做名片。

参加对象：三至六年级学生，可个人独立完成，也可以以研究小组的形式参与，每个研究小组成员不能超过3人。

参与方式：首先由科技辅导员开设讲座，介绍学校的植物，然后以班级为基本组织单位，任选校园内的树木或有一定种植面积的花草进行调查、研究和名片制作，在班内初评的基础上推荐优秀植物名片参加学校评选，然后评选出优秀植物名片进行压塑，挂到对应的植物上。

活动时间：一个月。

5. 共植“童心林”活动。

参加对象：六年级学生。

活动目的及要求：为了感念母校、感念师恩，号召即将毕业的六年级学生用自己的零花钱积极购买果树苗，种植于学校北侧的大堤上，用行动践行“为大地添份绿”的诺言。

活动时间：3月12日至4月底。

6. “让绿永驻”大型成果展览活动。

活动方式：将科技教育活动中评比出来的优秀叶贴画、观察日记、植物标本、摄影作品通过展板的形式展示出来，然后将展板放在学校内庭院，各班级学生自由参观，实现优质资源共享。

活动时间：两周。

总结表彰阶段

根据不同竞赛项目，设个人一等奖、二等奖、三等奖若干名，颁发奖品和奖状，一等奖获得者由校领导为其佩戴学校科技娃奖章；评选优秀家长60名（每个年级10名，表彰能够积极参与和支持此项活动的家长）；另设组织奖若干，并将该项工作的开展情况列入年级组考核内容。

可能出现的问题及解决预案

在实施过程中，对于外出考察的活动，可能会出现安全问题。为此，要提前做好安全预案，并进行模拟演习，确保万无一失。

预期效果与呈现方式

预期效果：通过活动，培养学生养成爱护绿色植物、珍惜生命的好习惯，从小树立环保意识；会用多种方法记录植物的生长过程，养成持之以恒的良好品质。关注家乡，树立责任意识。

呈现方式：调查报告、植物名片、植物标本、摄影作品等。

效果评价标准与方式

效果标准：学生是否积极参与了此次活动，是否对活动感兴趣，在活动过程中是否能够和同学团结合作。

评价方式：发放活动评价表（包括自评评价表、互评评价表）、作品展示等。

对青少年“益智、养德”等方面的作用：

（1）有利于学生树立环境保护意识。学生在参与活动的过程中，认识到绿色植物对于人类的重要意义，从而在行动中关注绿色、爱护绿色、种植绿色。

（2）学生的活动以家长协作下的小组自主、合作、探究的方式进行，根据活动探究的内容分好小组，在小组内部做到分工明确，既达到了共同提高、共同发展的目的，又使学生的个性得到了发展。

（3）活动主题与学生生活相联系。学生是社会的人，他们的学习也要回归生活和社会，我们不能将学生囿于学校，而要以学生的活动和交往为线路，引领学生走出校门，走进社会，用自己的眼睛观察生活，用自己的心灵去感受生活，用自己的方式去研究生活。活动中注重知识的获取和技能的掌握与情感教育相结合，着重陶冶情操，培养兴趣。

活动掠影

三台山森林公园考察合影

绿色植物种植比赛

“我为植物做名片”讲座

叶贴画、叶标本展览

参考文献

[1] 中华人民共和国教育部. 全日制义务教育科学(3—6 年级)课程标准(实验稿)[M]. 北京：北京师范大学出版社,2001.

[2] 中华人民共和国教育部. 义务教育小学科学课程标准(2017 版)[M]. 北京：北京师范大学出版社,2017.

[3] 卢新祁. 小学科学教学法[M]. 长春：东北师范大学出版社,2005.

[4] 萨拉斯坦利. 让学生学会质疑[M]. 范玮译. 北京：教育科学出版社,2012.

[5] 马修斯. 童年哲学[M]. 北京：生活·读书·新知三联书店,2015.

[6] 韦钰,[加] P. Rowell. 探究式科学教育教学指导[M]. 北京：教育科学出版社,2005.

[7] 徐敬标. 小学科学教学中的问题与对策[M]. 长春:东北师范大学出版社,2007.

[8] [美]兰本达,[美]P. E. 布莱克伍德,[美]P. F. 布兰德温. 小学科学教育的"探究-研讨"教学法[M]. 陈德彰,张泰金译. 北京：人民教育出版社,2010.

[9] 张和平. 小学科学教学活动设计[M]. 北京：北京大学出版社,2005.

[10] 金叶. 加强学习生活化在小学科学教学中的应用[J]. 小学科学(教师),2014(07).

[11] 吴蓓蓓. 小学科学课堂中非预设生成的应对[J]. 教育观察(中下旬刊),2015(10).

[12] 王永胜. 小学科学课活动设计[M]. 长春：东北师范大学出版社,2003.

[13] [日]佐藤学. 静悄悄的革命[M]. 长春：长春出版社,2003.

[14] 王海英. 课堂教学中科学思维能力的培养[J]. 湖北教育：科学课,2008(11).

[15] 吴向东. 情境导向的小学科学课程设计[J]. 课程教学研究,2012(05).

[16] [英]哈伦. 以大概念理念进行科学教育[M]. 韦钰译. 北京：科学普及出版社,2016.

[17] 北京桂馨慈善基金会.走向探究的科学课——章鼎儿、路培琦、李子平评说科学课[M].杭州：浙江教育出版社,2012.

[16] 史庆峰.遵循统计规律实施有效探究——浅析在科学探究中培养学生的统计意识[J].新课程学习(学术教育),2009(12).

[17] 朴春爱.在小学科学教学中如何帮助学生建构科学概念[J].现代教育科学(小学教师),2014(S1).

[18] 欧阳芬,屈智.校长引领校园文化建设[M].北京：世界图书出版公司,2014.

[19] 王爽.校园科普类活动指导手册[M].长春：吉林出版集团股份有限公司,2014.

[20] [俄]列夫·维果茨基.思维与语言[M].李维译.北京：北京大学出版社,2010.